C.H.BECK  WISSEN

in der Beck'schen Reihe

Frankreich hat wie kein anderes Land die Geschichte Europas mitbestimmt. Deshalb ist es wünschenswert, in dieser Reihe in konzentrierter, knapper Form einen Überblick über die französische Geschichte zu bieten, und zwar vom Teilungsvertrag in Verdun 843 (Entstehung des westfränkischen Reiches) bis zur Präsidentschaft von Jacques Chirac.

Neben den Grundzügen der politischen Historie werden möglichst viele Aspekte der so reichen und interessanten französischen Geschichte wenigstens schwerpunktmäßig und schlaglichtartig berücksichtigt, angefangen von der Entwicklung von Verfassung, Gesellschaft und Wirtschaft bis hin zu Kunst und Geistesleben.

Peter Claus Hartmann, Dr. phil, Dr. U (h.)/Univ. Paris, war von 1971 bis 1981 Referent für Zeitgeschichte am Deutschen Historischen Institut in Paris, 1976 Habilitation in Mittlerer und Neuerer Geschichte an der Universität München, ab 1982 Professor an der Universität Passau, seit 1988 ordentlicher Professor für Allgemeine und Neuere Geschichte an der Universität Mainz.

Er hat u.a. zahlreiche Schriften über die Beziehungen Frankreichs zu deutschen Territorien und zur französischen Geschichte verfaßt, so z.B. eine „Französische Verfassungsgeschichte der Neuzeit" (1985). Im Verlag C.H. Beck hat er das Buch „Französische Könige und Kaiser der Neuzeit" (1994) herausgegeben.

Peter C. Hartmann

GESCHICHTE FRANKREICHS

Verlag C.H.Beck

Mit 2 Karten

Die Karte auf der Umschlaginnenseite wurde entnommen aus:
Wolfgang Mager, Frankreich vom Ancien Régime
bis zur Moderne, S. 153 (Kohlhammer Verlag).

Die Deutsche Bibliothek – CIP-Einheitsaufnahme

Hartmann, Peter Claus:
Geschichte Frankreichs / Peter C. Hartmann. – Orig.-Ausg. –
München : Beck, 1999
  (C. H. Beck Wissen in der Beck'schen Reihe ; 2124)
  ISBN 3 406 44724 4

Originalausgabe
ISBN 3 406 44724 4

Umschlagentwurf von Uwe Göbel, München
© C. H. Beck'sche Verlagsbuchhandlung (Oscar Beck), München 1999
Gesamtherstellung: C. H. Beck'sche Buchdruckerei, Nördlingen
Gedruckt auf säurefreiem, alterungsbeständigem Papier
(hergestellt aus chlorfrei gebleichtem Zellstoff)
Printed in Germany

Inhalt

Vorwort

Wenn auch manche Historiker den Beginn der französischen Geschichte schon beim Merowingerkönig Chlodwig I. (um 466–511) oder gar bei den alten Galliern ansetzen, so soll der Anfangspunkt dieser Darstellung in Übereinstimmung mit anderen Gelehrten beim Vertrag von Verdun 843 liegen. Damals ging nämlich aus der Teilung des karolingischen Gesamtimperiums das Westfränkische Reich hervor, der Kern des späteren Frankreich. Da der Verlag im Rahmen dieser Reihe dem Autor höchstens 128 Seiten zubilligt, kann hier die historische Entwicklung Frankreichs im Zeitraum von mehr als 1150 Jahren nur kurz und gedrängt dargestellt werden. Gemäß der Reihenkonzeption wird der neuesten Zeit breiterer Raum gewährt.

Neben den Grundzügen der politischen Historie werden möglichst viele Aspekte der so reichen und interessanten französischen Geschichte wenigstens schwerpunktmäßig und schlaglichtartig berücksichtigt, angefangen von der Entwicklung von Verfassung, Gesellschaft und Wirtschaft bis hin zu Kunst und Geistesleben.

Wie bei allen Büchern ist auch Dank zu sagen, und zwar meinen Schülern/innen B. Kling, G. Fieguth und M. Kruger für ihre Unterstützung bei der Texterstellung auf dem PC, B. Kling und G. Fieguth für die Anfertigung des Registers, meinen Schülern Hochschuldozent Dr. Konrad Amann und Gerhard Fieguth für ihre Hilfe beim Korrekturlesen und ganz besonders Herrn Prof. Dr. Joachim Ehlers, FU Berlin, der das Mittelalterkapitel kritisch gelesen und mir manche Anregung gegeben hat, sowie schließlich dem Verlag für die gute Zusammenarbeit.

Mainz, im März 1999   *Peter Claus Hartmann*

I. Frankreich im Mittelalter

1. Westfränkisches Reich und frühes Frankreich (843–1180)

Nachdem die Einheit des Fränkischen Reiches schon unter Kaiser Ludwig dem Frommen (814–840) brüchig geworden war, brachte der Vertrag von Verdun im August 843 die Aufspaltung in zunächst drei Hauptkönigreiche, darunter das Westfränkische mit Paris, das zum Kern des späteren Frankreich wurde. Damals prägte die lange Regierungszeit Karls des Kahlen bis 877 sein Reich. Es handelte sich allerdings noch um eine Zeit des Übergangs, und er mußte mit großen Schwierigkeiten ringen (Anspruch seines Neffen Pippin II. von Aquitanien, Kampf gegen die Bretonen). Wichtig war die vertragliche Einigung mit dem als Korporation wirkenden Adel in Coulaines, die diesem eine starke Mitwirkung sicherte, ihn aber auch ebenso wie den hohen Klerus an den König band. Allerdings gelang es Karl nur mangelhaft, sein von Normanneneinfällen bedrohtes Reich wirksam zu verteidigen. Durch dieses Versagen des Königtums wurde die Stellung der bedeutenden Vasallen im Lande gestärkt, welche die Normannenabwehr organisierten. Unter den kurzen Regierungen der karolingischen Nachfolger Karls des Kahlen konnten die Könige deshalb keine bedeutende Machtposition erringen.

Als 888 mit Graf Odo von Paris für zehn Jahre zum ersten Mal ein Nichtkarolinger zum König gewählt wurde, der Paris erfolgreich gegen die Normannen verteidigt hatte, kam es zu 100 Jahre dauernden Auseinandersetzungen zwischen den Karolingern und den Robertinern bzw. Kapetingern um die Königswürde. Während das Königtum als solches im Gebiet des gesamten Westfränkischen Reiches anerkannt wurde („Legitimationsbereich"), war die effektive Herrschaft („Sanktionsbereich") auf die Kerngebiete (Oise-Aisne-Gebiet, seit 987 auch Pariser Becken bis Orléans) beschränkt. Die in den übrigen Regionen recht starken Prinzipate stellten damals jedoch „stabilisierende Einheiten" [Schneidmüller, Entstehung 27 f.]

dar. Eine sehr mächtige Position nahmen die Herrscher der Normandie ein, die später im Jahr 1066 England eroberten und dadurch als englische Könige eine besondere Stellung hatten.

Als 987 mit kräftiger Hilfe des Erzbischofs Adalbero von Reims Hugo Capet (987–996) zum König und gleich darauf sein Sohn Robert II. (987/998–1031) zum Mitkönig gewählt wurden, ging die Herrschaft der Karolinger zu Ende, während das darauf folgende kapetingische Königshaus bis 1328 lückenlos regierte. Allerdings hat auch diese neue, durch die Kirche legitimierte Dynastie zunächst wenig Machtzuwachs errungen, so daß das Königtum auch im 11. Jahrhundert weiterhin schwach blieb. Angesichts der führenden Rolle Frankreichs im kulturellen und sozialen Bereich und des Aufschwungs von Gewerbe und Handel mit dem Entstehen fester Märkte und der zentralgelegenen Messen in der Champagne konnte aber das lange Zeit machtlose Königtum im Bund mit dem Papsttum mehr und mehr aufsteigen. Im Rahmen einer wachsenden Konsolidierung der Monarchie gelang es nämlich den Kapetingern, die feudalen Gewalten allmählich zurückzudrängen und auszuschalten. Dabei kamen ihnen vor allem seit Philipp I. (1060–1108) das zunehmende Ansehen des Titels und der Stellung eines *rex Francorum* und die langen Regierungszeiten der Könige zustatten. Es glückte ihnen nämlich, die anfangs noch recht bescheidene Krondomäne auszuweiten und zu festigen.

Bei dieser allgemeinen Konsolidierung der Königsherrschaft spielte unter Ludwig VI. (1108–1137) der in Verwaltungsangelegenheiten besonders tüchtige Abt Suger von Saint-Denis eine wichtige Rolle. Dazu kamen militärische Erfolge. Der Nachfolger Ludwig VII. (1137–1180) festigte die Stellung der Monarchie weiter durch eine erfolgreiche Kirchenschutz- und Städteförderungspolitik. Auf diese Weise errang das Königtum immer größere Autorität und schuf die Grundlagen für eine Großmachtstellung, welche die Nachfolger Ludwigs VII. in Europa erringen konnten. Durch eine spezielle Königstheologie war dem französischen Monarchen gleichzeitig eine besondere

Stellung eingeräumt worden, die mit der entscheidenden, vorbildhaften Position Frankreichs im gesellschaftlichen und kulturellen Bereich zusammenhing.

2. Gesellschaft und Kultur bis zum 13. Jahrhundert

Für ganz Europa wurde die gesellschaftliche, wirtschaftliche und kulturelle Entwicklung, die sich in Frankreich vollzog, beispielgebend. Der französische Einfluß war auf diesen Gebieten sehr groß. Während das Königtum zunächst nach wie vor schwach war, gewann das durch seine großen Lehensfürstentümer geprägte Frankreich in den erwähnten Bereichen seit dem 10. Jahrhundert einen Vorsprung. So verbreiteten sich von dort aus in einer Art West-Ost-Gefälle zahlreiche kirchliche, kulturelle und gesellschaftliche Anregungen und Einflüsse, vor allem auf den Gebieten der monastischen Bewegung, Baukunst, Schule und Wissenschaft, ferner in der Ausbildung einer ritterlichen Kultur und der Ausformung einer städtischen Bürgergesellschaft mit Stadtrecht.

Von besonderer Bedeutung für die Kulturgeschichte Frankreichs und bald auch ganz Europas erwies sich die Gründung der Benediktinerabtei Cluny in Burgund zwischen 908 und 910. Das entscheidende war dabei, daß dieses Kloster zum Vorteil des mönchischen Lebens direkt dem Papst unterstellt und somit aus der weltlichen und bischöflichen Bindung gelöst wurde. Diese dadurch gewonnene Freiheit, die eine große Faszination auf den burgundischen Adel ausübte, und der glückliche Umstand, daß die ersten sehr fähigen Äbte in den Jahren 927–1109 lange regierten, führten dazu, daß sich Cluny damals zum bedeutendsten Reformzentrum für das abendländische Mönchtum und die Kirche entwickelte. Kraft cluniazensischer Reform wurde das Klosterleben streng durch die Regel des hl. Benedikt, die neugeschaffenen *Consuetudines* (Vorschriften) und eine besonders intensive Pflege der Liturgie geprägt. Dieses Leitbild erneuerte das mönchische und christliche Leben in Frankreich und von dort ausgehend in Europa. Etwa 150 Jahre lang wurde das abendländische Mönchtum von dem durch den *sacer ordo cluniacensis* gebildeten, straff an die burgundische Mutterabtei gebundenen Klosterverband beherrscht.

Das Mutterkloster Cluny erhielt mit der 1088 unter Abt Hugo neuerbauten gewaltigen Klosterkirche ein außerordentliches Zentrum. Dieses romanische Gotteshaus mit einer Länge von 187 m, zwei Querschiffen und fünf Glockentürmen war damals die größte Kirche des Abendlandes. Wie so viele Bau- und Kunstwerke wurde sie in der Revolutionszeit zerstört und 1798 großenteils als Baumaterial verkauft und abgebrochen.

Im 12. Jahrhundert erlebte Cluny allerdings einen allmählichen Niedergang, während, ebenfalls von Burgund ausgehend, ein junger Orden, die Zisterzienser, die monastische Erneuerung betrieb und von Frankreich aus ins übrige Europa weitertrug. Es handelte sich dabei um einen 1098 vom burgundischen Kloster Citeaux ausgehenden benediktinischen Reformorden, der 1108 unabhängig wurde. Auch hier gab es eine patriarchalische Überordnung des Mutterklosters über die Tochtergründungen. Die neue Gemeinschaft, welche die Schlichtheit der Kirchenbauten, die Armut und die Handarbeit der Laienmönche *(conversi)* betonte, breitete sich, besonders unter dem Einfluß Bernhards von Clairveaux (1090–1153), schnell in Frankreich und dann in ganz Europa aus und spielte eine große Rolle bei der Urbarmachung neuen Landes. Die ordenstypische mystische, die Marienverehrung betonende Frömmigkeit prägte sehr stark die damalige Zeit. Neben den Zisterziensern spielte der ebenfalls von Frankreich ausgehende, auch zentral regierte Prämonstratenserorden, gegründet in Prémontré in der Nähe von Laon, bei der religiösen und geistlichen Erneuerung eine wichtige Rolle. Grundlage dieses Ordens (regulierte Chorherren) war die Augustinusregel.

Die Kirche beeinflußte jedoch nicht nur durch das Mönchtum und die Orden sehr stark die Entwicklung von Kultur und Gesellschaft, sondern auch durch die Bischöfe und den übrigen Klerus. Angesichts des schwachen Königtums kam zum Beispiel der Kirche eine große Rolle bei der Durchsetzung des Landfriedens in Frankreich zu. In der damaligen Situation galt nämlich die Fehde als legitimes Mittel der adeligen Gesellschaft zur Durchsetzung ihrer subjektiv beanspruchten bzw. objektiven Rechte. Um dieses Fehderecht und die damit verbundene allgemeine Gewaltanwendung einzuschränken, schritten, ausgehend von Südfrankreich, Klerus und Bischöfe ein. Diese setzten zunächst unter Androhung des Interdikts (Verbot aller kirchlichen Amtshandlungen als Strafe) durch, daß grundsätzlich bestimmte Personengruppen (waffenlose Kleriker und Bauern) und Sachen (Kirchen, Häuser, Vieh, Früchte des Feldes) unter Schutz gestellt wurden. Ferner erreichten sie, daß wenigstens an bestimmten Tagen, in der Advents- und Fastenzeit sowie an Heiligenfesten, Waffenruhe einzuhalten sei *(treuga dei)*. Die Bischöfe ließen diese Friedenspflichten von den Adeligen per Eid beschwören und banden diese auf solche Weise in die Gottesfriedensbewegung ein. Diese Bewegung stabilisierte damals das Land und die Gesellschaft.

Die von der Kirche entwickelte Gesellschaftsgliederung mit drei Ständen (Klerus, Kämpfer, Arbeitende) trug dazu bei, daß sich mit der Zeit das feudale Frankreich und der Feudalismus herausbildeten. Der Adel, bei Auflösung fester Gefolgschaften zunehmend am Lehen *(feudum)*, d.h. dem Gegenstand personaler Bindung, orientiert, schloß sich mehr und mehr ständisch ab. Dabei ging es vor allem auch um die Bewahrung von Rechten und Privilegien für die eigene Familie und Nachkommenschaft. Gleichzeitig entstand allmählich eine spezifisch ritterliche Kultur mit höfischer Literatur, typischen Lebensformen wie Frauendienst, besonderen Erziehungs-, Ehren- und Verhaltensidealen, Turnieren sowie Initiationsriten wie Ritterschlag und Schwertleite. Diese ritterlichen Lebensformen und die höfische Literatur verbreiteten sich, von Frankreich kommend, seit dem 12. Jahrhundert in ganz Europa und übten auf den Adel großen Einfluß aus. Das gilt auch für die zunächst weitgehend von der französischen Aristokratie und seinen Lehensfürsten initiierte Kreuzzugsbewegung. Nicht von ungefähr wurde der erste Kreuzzug vor allem von der Ritterschaft dieses Königreiches getragen. Dieses Unternehmen bot gerade nachgeborenen Söhnen der adeligen Schichten die Möglichkeit, standesgemäß im Dienst von Kirche und Christentum tätig zu werden.

In der Literatur spielten die von den Prinzipien „Ehre" und „Glauben" geprägten *chansons de geste* und hier besonders das Anfang des 12. Jahrhunderts entstandene Rolandslied und ferner der altfranzösische Epiker Chrétien de Troyes (vor 1150–1190) eine wichtige Rolle. Er wirkte zunächst am Hof der Champagne und später in Flandern. Von Chrétien stammen die bedeutendsten höfischen, in Versen verfaßten Epen. Dabei übernahm er den Stoff aus dem Sagenkreis der Bretonen und verband ihn mit phantastischen und höfischen sowie provenzalischen Frauendienstelementen. Seine Epen wie z. B. *Perceval* (vor 1190) fanden in Frankreich, aber auch in ganz Europa großen Anklang.

Wie die monastischen Bewegungen, das Ritterideal und die Literatur aus Frankreich ins übrige Europa hineinwirkten, Einfluß ausübten und Nachahmer fanden, so galt dies auch für die Baukunst. Die burgundische und normannische Romanik mit ihren großartigen Kirchen in Cluny, Dijon, Autun, Vezelay bzw. Bayeux oder Caen wurden zu Vorbildern. Aber auch die Gotik, eine der großen selbständigen Stilepochen des Abendlandes, entstand in Frankreich, d. h. speziell in der Île-de-France vor 1250, und verbreitete sich von dort kommend im übrigen Frankreich, in England und Deutschland sowie darüber hinaus. Ausgehend vom spätromanischen Baustil der Normandie und Burgunds, wurde mit der Choranlage der Abteikirche von Saint-Denis unter Abt Suger 1137 bis 1143 der erste Bau im gotischen Stil errichtet, dem schnell zahlreiche weitere folgten, wie die Kathedralen von Noyon, Paris, Laon, Soissons u. a. All diese beeindruckenden gotischen Kathedralen Frankreichs mit ihrer Ausmalung, den kunstreichen Plastiken und wundervoll im Licht glitzernden bunten Glasfenstern (Chartres, Sainte Chapelle in Paris) wurden viel bewunderte Vorbilder für zahlreiche Kathedral- und Kirchenbauten in ganz Europa.

3. Machtzuwachs des Königtums (1180–1328)

Der Aufstieg des französischen Königtums vollzog sich unter Philipp II. August (1180–1223), der schon bald nach seinem Regierungsantritt das gegen ihn Krieg führende Flandern besiegte und der selbständigen Politik der Grafen von Champagne und anderer erfolgreich ein Ende setzte. In recht moderner Weise unterhielt er Söldnerheere, die er durch Reformen in der Verwaltung und systematischen Einsatz aller Möglichkeiten und Vorteile, die ihm das Lehnsrecht bot, finanzierte.

Sein wichtigstes Ziel blieb, das große mit England verbundene angevinische Reich im Südwesten Frankreichs zu zerstören und die Dynastie der Plantagenets zu vertreiben. 1194 kam es zum Krieg gegen den englischen König Richard I. Löwenherz, in dem Philipp II. mehrere militärische Niederlagen einstecken mußte. Als aber der englische König 1199 starb und es Probleme bei dessen Nachfolge gab, konnte Philipp II. wieder an Terrain gewinnen und erreichte im Jahr 1200 die Huldigung des englischen Königs Johann Ohneland für dessen französisches Lehen. Als er diesen 1202 wegen einer Klage vor das Pariser Lehnsgericht lud, Johann aber nicht erschien, erkannte er dem Engländer das Lehen ab. In dem deshalb folgenden Krieg konnte der französische König die Normandie und die Loiregrafschaften gewinnen. Nach der Schlacht von Bouvines (1214) mußte sich Johann schließlich endgültig geschlagen geben. Während Philipp II. die Krondomäne auf diese Weise verdoppeln konnte, stieg Frankreich damals zur Großmacht auf und errang mit der Zeit eine Art Hegemonie in Europa.

Nach dem Tod des Königs 1223 setzte sich außerdem bei Ludwig VIII. (1223–1226) endgültig das Erbrecht in der Monarchie durch. Als er schon 1226 starb, übernahm deshalb zunächst die Königin Blanche von Kastilien für den erst zwölfjährigen Ludwig IX. (1226–1270), den Heiligen, die Regentschaft. In dessen Regierungszeit festigte sich dann die königliche Zentralgewalt weiter, ferner wurde das Hofgericht (Parlament) in Paris gestärkt, das zunehmend die monarchische Herrschaft rechtlich durchsetzte. Es gelang Ludwig außerdem, die Lehenshoheit über die den Engländern verbliebenen Besitzungen in Frankreich zu bekräftigen. Der überall in hohem Ansehen stehende, persönlich sehr fromme Monarch nahm zeitweilig in Europa eine Schiedsrichterrolle ein und blieb den Päpsten eng verbunden. Nachdem er beim 6. Kreuzzug in arabische Gefangenschaft geraten und durch hohes Lösegeld freigekauft worden war, starb er beim 7. Kreuzzug nach Tunis im Jahre 1270.

Unter seinem Nachfolger Philipp III. fielen die Grafschaften Poitou und Toulouse an die Krone. Ganz entscheidend für die weitere Entwicklung war jedoch die Regierungszeit Philipps IV., des Schönen (1285–1314), der 1294 bis 1297 Krieg gegen England führte, außerdem in einen schweren Konflikt mit dem Papsttum geriet und es schließlich unter seinen Einfluß brachte. Im Inneren erhöhte er die Effizienz des Staatsapparates durch konsequente Heranziehung ausgebildeter Juristen. Neben dem Parlament, das im königlichen Palais auf der Pariser Île de la Cité tagte, wurde das Finanzwesen ausgebaut (1304 *Chambre des comptes*) und der Geldbedarf durch Gewaltmaßnahmen gegen die reichen Juden und den sehr vermögenden Templerorden befriedigt. Der Streit um Finanzmittel hatte auch zum ernsthaften Konflikt mit dem Papsttum geführt. Bevor darauf eingegangen wird, sollen hier jedoch zunächst die Entwicklung von Kirche, Kultur und Geistesleben sowie die Beziehungen Staat – Kirche seit dem Ende des 12. Jahrhunderts geschildert werden.

4. Kirche, Kultur und Geistesleben bis 1450

Nachdem in den Zeiten der großen Kirchenreformen Häretiker fast keine Rolle gespielt hatten, erwuchs der katholischen Kirche vor allem im Süden Frankreichs, wo die Reformen weniger gegriffen hatten, mit den Katharern (= den Reinen), nach deren wichtigstem Zentrum Albi später auch Albigenser genannt, eine bedeutende Konkurrenz. Geprägt durch apostolische Wanderpredigt, Armutsbewegung, strenge Askese und Anerkennung des Bösen als eigenständiges Prinzip sowie Heilsgewißheit (Prädestination) der „Vollkommenen" *(perfecti)*, entwickelte sich diese größte Sekte des Mittelalters, von der Ostkirche kommend, in Südfrankreich zu einer Gegenkirche mit Bistumsverfassung (Albi, Carcassonne, Toulouse, Val d'Aran). Da sich ein großer Teil des südfranzösischen Adels den Albigensern anschloß, wurden sie eine politische Macht, deren Vernichtung auch im staatlichen Interesse lag. Vergebliche Bekehrungsversuche, ein vom Papst verkündeter Kreuzzug und machtpolitische Erwägungen führten in den Albigenserkriegen (1209–1229) zunehmend zur grausamen Ausrottung dieser Religionsanhänger.

Geistig-religiös konnte der Katholizismus allerdings diese Gegenkirche erst durch die Armutsbewegung der als Verfechter neuer Reformen gegründeten Bettelorden (Franziskaner, Dominikaner) des 13. Jahrhunderts wirksam überwinden. Dies galt besonders für den 1215 in Toulouse entstandenen Dominikanerorden, der sich vor allem der Ketzerbekämpfung widmete und als Lehrorden u. a. an der neu gegründeten Universität Toulouse wirkte. Seit Anfang des 13. Jahrhunderts nahm auch die Pariser Universität (Sorbonne) einen Aufschwung, in der seit etwa 1300 die Jurisprudenz neben der Theologie an Bedeutung gewann. Daneben standen die Rechtsschulen von Orléans, Toulouse und Montpellier in hohem Ansehen.

Ein kirchengeschichtlich herausragendes Ereignis war Anfang des 14. Jahrhunderts der „Justizmord" am Templerorden, der in Frankreich seine wichtigsten Besitzungen hatte. Philipp der Schöne opferte nämlich den Templerorden den „Bedürfnissen des Staates und dem ständigen Geldmangel der Kronverwaltung ... mit einer der grausamsten Maßnahmen seiner ganzen Regierungszeit" [Ehlers, 195]. Dabei wurden die Mitglieder dieses ältesten der drei großen, direkt dem Papst unterstellten Ritterorden durch systematisch eingesetzte Folter zu „Geständnissen" gezwungen und bei Widerruf auf dem Scheiterhaufen verbrannt. Schließlich hob der schwächliche französische Papst Klemens V. (1305–1314) auf königliches Verlangen hin den Orden auf. Der größte Teil des gewaltigen Besitzes der Templer kam in die Hand König Philipps.

Dieser selbstbewußte, skrupellos seine Macht durchsetzende König, ging auch aus seinem Konflikt mit dem Papsttum wegen der Besteuerung seines Klerus für Kriegszwecke als Sieger hervor. Nachdem nämlich die Politik Papst Bonifaz' VIII. gescheitert war und als dessen Nachfolger Benedikt XI. nach kurzem Pontifikat starb, wurde in dem nun folgenden, fast ein Jahr dauernden Konklave unter dem dominierenden Einfluß König Philipps IV. ein Franzose als Klemens V. zum Papst gewählt. Dieser verlegte auf Drängen des Königs den Sitz des Papsttums nach Avignon. Die Kirchenspitze geriet dadurch bis 1376 unter starken französischen Einfluß, und Klemens' V. aus Frankreich stammende Nachfolger Johannes XXII., Benedikt XII., Klemens VI., Innozenz VI. und Urban V. blieben in Avignon. Der beherrschende Einfluß des Königs von Frankreich vermied Konflikte mit seinem Land. Diese Abhängigkeit verursachte jedoch großen Schaden für die allgemeine Geltung des Papsttums. Als Gregor XI. 1376 nach Rom zurückkehrte, kam es nach seinem Tod 1378 bald zum Abendländischen Schisma, da von 1378 bis 1417 seit Klemens VII. französische Päpste in Avignon neben Päpsten in Rom residierten. Dadurch geriet die Kirche in ihre größte Krise im Mittelalter, da sie in zwei Obödienzen (Anhängerschaften) aufgespalten wurde.

5. Hundertjähriger Krieg (1337–1453)

Gemäß der seit 1317 laut Salischem Gesetz propagierten Erbfolge wurde nach dem Aussterben der kapetingischen Hauptdynastie 1328 Philipp VI. aus der Nebenlinie der Valois französischer König. Demgegenüber erhob jedoch der Enkel Philipps IV. und Sohn Isabellas als direkter Nachkomme der kapetingischen Hauptlinie, Eduard III. von England, Ansprüche auf den Thron in Frankreich. Als er 1337 den Kampf eröffnete, begann ein mehr als 100 Jahre dauernder Krieg. Bei diesem ging es nicht nur um dynastische Ansprüche, sondern auch um soziale und wirtschaftliche Gegensätze der beiden Königreiche, um Absatzmärkte, Schutzzölle sowie um ständische Revolten und soziale Erhebungen in Frankreich in unterschiedlichen Kombinationen und Bündnissen.

In einer ersten Phase dieses Krieges erlitt Frankreich mehrere Niederlagen wie die bei Crécy 1346 oder Maupertuis 1356. In diesem Jahr geriet sogar König Johann der Gute (1356–1364) in englische Gefangenschaft. Während es dem Dauphin (Kronprinzen), dem späteren Karl V. (1364–1380), gelang, 1358 den Aufstand der Bürger in Paris und den der Bauern in Nordfrankreich *(Jacquerie)* zu beenden, konnte durch den Friedensvertrag von Brétigny 1360 der Krieg unterbrochen werden, ebenso durch den Waffenstillstand von Brügge 1375. Einerseits mußte Frankreich durch diese zwei Vereinbarungen weite Gebiete im Südwesten sowie Calais im Norden an England abtreten, andererseits boten sie den französischen Monarchen die Möglichkeit, ihre Position durch innere Reformen zu festigen und die Konflikte zwischen Adel und Bürgertum zu schlichten.

Diese brachen jedoch wieder auf, als der bis 1388 minderjährige und seit 1392 geisteskranke König Karl VI. (1380–1422) regierte, der mit der bayerischen Prinzessin Elisabeth (Isabeau) verheiratet war. Es kam zum Bürgerkrieg mit gegnerischen Parteienbildungen (Armagnacs gegen Bourguignons), in den sich 1415 König Heinrich V. von England (1413–1422) einschaltete. Dieser brachte damals den französischen Truppen bei Azincourt eine schwere Niederlage bei. Da sich wegen Mordanschlägen auf beiden Seiten die Partei der Bourguignons den Engländern anschloß und Heinrich V. eine Tochter Karls VI. heiratete, erkannte man ihn bzw. seinen Nachfolger 1420 mit Zustimmung der französischen Königin Isabeau de Bavière im Vertrag von Troyes zum Nachteil Karls VII. als in Frankreich thronberechtigt an. Heinrich V. führte dann auch nach der Geburt seines Sohnes Heinrich VI. von England und Frankreich für diesen dort die Regentschaft.

Als der englische König 1422 starb, übernahm diese Herzog Johann von Bedford. Nachdem Heinrich V. schon am 1. Dezember 1420 in Paris hatte einziehen können, eroberte ab 1422 der sehr fähige und diplomatisch geschickte Bedford im Bund mit vielen Adeligen und Bürgern im Lande für Heinrich VI. den

größten Teil Nordfrankreichs. In dieser für Karl VII. verzwei-
felten Lage griff die berühmte *Pucelle* (Jungfrau) Jeanne d'Arc
ein, die bei der Belagerung von Orléans 1429 durch ihr mitrei-
ßendes Auftreten, in der Gewißheit ihres göttlichen Auftrages,
die Wende herbeiführte. Der Dauphin ließ sich hierauf am
17. Juli desselben Jahres in Reims salben und krönen. Angefeu-
ert von der Pucelle und gestärkt durch eine nationale Begeisterung für das französische Königtum, konnten die Engländer
mehr und mehr erfolgreich bekämpft werden, die allerdings
Jeanne d'Arc 1430 gefangennahmen und 1431 auf dem Scheiterhaufen verbrannten. 1435 gelang der Ausgleich mit Burgund und 1453 endeten, unterbrochen von verschiedenen Waf-
fenstillständen, die Kämpfe mit England, ohne daß man einen
förmlichen Friedensvertrag geschlossen hätte. Frankreich
konnte sich in diesem Ringen auf Leben und Tod behaupten,
während das englische Ziel einer Doppelmonarchie beiderseits
des Kanals nicht zu erreichen war.

II. Renaissancekönigtum und Ancien régime

1. Renaissancekönigtum

Nach dem großen Krieg konnte sich die königliche Gewalt zunehmend konsolidieren. Die Verwaltung wurde vereinheitlicht.
Außerdem beeinflußten der König und sein Hof mehr und
mehr Kultur und Geistesleben. Stark von Italien beeinflußt,
verbreiteten sich die Ideen und Strömungen der Renaissance
und des Humanismus. Zeugen dieser Zeit sind die herrlichen
Loireschlösser, ferner der West- und Südflügel des Louvre in
Paris. Während in der Musik das Chansonwerk eines C. Jane-
quin blühte, wurde Jean Bodin (1530–1596) zum Begründer
der modernen Staatsrechtstheorie und der Lehre von der Souveränität. Gleichzeitig bereitete Montaigne in der Philosophie
den Rationalismus mit skeptischer Grundhaltung vor. Ein typi-
scher Schriftsteller der Renaissance und des Humanismus war

François Rabelais, während gleichzeitig bedeutende humanistische Gelehrte in Paris und Lyon wirkten. Seit den 50er Jahren gewann auch der Reformator Jean Calvin an Einfluß.

Außenpolitisch kämpften die französischen Könige damals gegen die habsburgische Umklammerung im Osten und im Süden. Der Konflikt wurde aber auch in Italien ausgetragen. Dort geriet Franz I. 1525 in der Schlacht bei Pavia sogar in Gefangenschaft. Nachdem er 1544 mit Kaiser Karl V. Frieden geschlossen hatte, kam es unter Heinrich II. zu einer Annäherung deutscher protestantischer Fürsten an Frankreich, die mit dem König den Vertrag von Chambord (1552) schlossen, in dem der König das Vikariat über die Städte Toul, Verdun und Metz zugesprochen erhielt.

2. Religionskriege (1562–1598)

Obwohl die Protestanten in Frankreich immer eine relativ kleine Minderheit bildeten und das Königreich die ganze Zeit über im allgemeinen zu mehr als 90% katholisch blieb, bedeuteten die acht Religionskriege für das Land und die Monarchie eine schwere, bedrohliche Erschütterung. Die Protestanten, meist (kalvinistische) Hugenotten, zählten nämlich sehr einflußreiche Adelige und gutsituierte Bürger zu ihren Anhängern und waren sehr kämpferisch. Da Heinrich II. durch die Hugenotten, die besonders im Süden Frankreichs starken Zuwachs erhielten, die Einheit seines Königreiches bedroht sah, leitete er durch das Edikt von Écouen gegen sie Verfolgungs- und Unterdrückungsmaßnahmen ein. Als der König am 10. Juli 1559 an den Folgen einer Turnierverletzung starb, kam es zu einer dynastischen Krise mit unmündigen Königen, Regentschaften und schwacher Zentralgewalt. Nachdem die katholischen Vorkämpfer aus dem Hause Guise in der kurzen Regierungszeit Franz' II. die Macht im Königreich erhalten hatten, führte nach dessen Tod im Dezember 1560 die Regentin Katharina von Medici einen radikalen Kurswechsel durch und betrieb zunächst eine Politik der Aussöhnung mit den Protestanten.

Es gelang ihr aber nicht, das Land auf Dauer zu befrieden;

denn Frankreich wurde in den folgenden Jahrzehnten durch acht Bürgerkriege in Mitleidenschaft gezogen, ausgehend vom ersten Religionskrieg (1562/63), der dem Massaker von Vassy (23 getötete Hugenotten) folgte, bis hin zum achten Religionskrieg, dem längsten und erbittertsten, der 1585 begann. In diesen Kriegen, die auf beiden Seiten grausam geführt wurden, metzelten sowohl Katholiken wie Hugenotten jeweils ihre andersgläubigen Mitbürger nieder, dort wo sie gerade die Oberhand gewannen. Die Führer beider Konfessionsparteien zögerten auch nicht, sich mit auswärtigen Mächten (Spanien bzw. England, Johann Kasimir von der Pfalz) zu verbünden. Zum Schrecken der Katholiken verwüsteten die Hugenotten die Kirchen der eroberten Städte, zertrümmerten die Heiligenfiguren der Portale und die Kreuze. Für diese wurde jedoch die berüchtigte Bartholomäusnacht (24. 8. 1572) zum Trauma, der die meisten protestantischen Führer und mehrere tausend Hugenotten zum Opfer fielen. Nach neuesten Forschungen wirkten hier vor allem aufständische Pariser Mord- und Terrorkommandos, die sich skrupellos bereicherten, um „ihre als ungerecht empfundene Position im Sozialgefüge unter dem Deckmantel des Konfessionskampfes zu korrigieren" [Mieck, Bartholomäusnacht, 108 f.].

Als der stark in Bedrängnis geratene Heinrich III. (1574–1589) im Dezember 1588 die beiden übermächtigen Exponenten der (katholischen) Liga, die beiden Guise, ermorden ließ, kam es in allgemeiner Empörung zu einem Aufstand großen Ausmaßes. Bald darauf wurde der König, der sich den Protestanten in die Arme warf, am 1. August 1589 ermordet.

Da nach Salischem Grundgesetz nun der Hugenottenführer und Cousin 21. Grades des toten Königs, Heinrich IV. von Navarra, thronberechtigt war, die große Mehrheit der Generalstände aber auch die Katholizität des Königtums als Grundgesetz propagierte, schien die Lage aussichtslos. Heinrich IV., ein kluger Realpolitiker, löste schließlich das Problem 1593 durch seine Konversion zum katholischen Glauben. Trotzdem ging der Bürgerkrieg erst nach längeren Verhandlungen und durch die Verkündigung des Edikts von Nantes (13. 4. 1598) zu Ende.

Es brachte den religiösen Frieden und den Protestanten Rechte (Kultfreiheit mit Einschränkungen, Zugang zu den Schulen und allen Ämtern, paritätisch besetzte Kammern in vier Parlamenten, darunter Paris, weit über 100 Sicherheitsplätze mit protestantischer Garnison), wie sie im damaligen Europa für Minderheiten kaum irgendwo gewährt wurden.

3. Verfassungsentwicklung

Nach dem Denken der Zeit verkörperte damals der jeweilige französische König als Souverän nicht nur die Staatsspitze, sondern auch im Prinzip in unbegrenzter Kompetenz die drei Gewalten, die nach moderner Staatsauffassung getrennt sein sollten, nämlich die oberste Judikative, Legislative und Exekutive. Deshalb stand ihm als Zentralstelle des Reiches das absolute Recht der Entscheidung zu. Der König war, wie Mousnier [Institutions I, 505–526] betont, ein christlich-katholischer Herrscher, oberster Lehnsherr in Frankreich und „absoluter" Monarch.

Wie immer in der Geschichte klafften auch bei dieser „absoluten" Königsherrschaft Theorie, Ideal und Anspruch auf der einen Seite und die Wirklichkeit auf der anderen auseinander. Erstens hing nämlich das Ausmaß dieser Herrschaft stark von der Persönlichkeit des Monarchen, seiner Willensstärke, Fähigkeit und Durchsetzungskraft, ferner seiner Intelligenz und seinem Fleiß ab. Zweitens wurde dieser „Absolutismus", wie gerade neuere Forschungen zeigen, durch viele weitere Faktoren eingeschränkt. Zu nennen sind hier die Vorrechte von Provinzen, Städten, Korporationen und vor allem von Ständen, ferner das Herkommen und die Grundgesetze des Königreiches. Hinzu kamen der große zu beherrschende Raum mit seinen schlechten Wegen, der ungenügende Verwaltungsapparat, so daß die Ausführung der königlichen Befehle und Gesetze nur recht ungenügend überwacht werden konnte. Die Folge waren viel Passivität und Ungehorsam, die typisch für das französische Ancien régime waren und in der Praxis den Lokalgewalten viel freie Initiative beließen.

Was das Rechtssystem betrifft, so war Frankreich damals in zwei große Bereiche aufgespalten, und zwar in die Länder mit Gewohnheitsrecht (die nördliche Hälfte) und die mit römischem Recht (der Süden). Die Spitze der Gerichtsbarkeit bildeten die verschiedenen Parlamente mit räumlich begrenzten Zuständigkeitsbereichen. Wegen ihrer gleichzeitigen Verwaltungsbefugnisse (Registrierungsrecht der königlichen Erlasse, Verweigerung dieser Registrierung) spielten diese aus gekauften oder geerbten adeligen Richterpositionen bestehenden obersten Gerichte vor allem im 18. Jahrhundert eine immer größere Rolle. Demgegenüber waren die Generalstände – im 15. und 16. Jahrhundert noch sehr aktiv – nach der Versammlung von 1614/15 bis 1789 für 174 Jahre ausgeschaltet, während mehrere Provinzialstände weiter zusammentraten.

Wie in ganz Europa bestanden auch in Frankreich seit dem 13./14. Jahrhundert die Staatseinkünfte aus drei Kategorien: Domänen und Regalien, ferner direkte Steuern sowie indirekte Steuern und Zölle. Die direkten Abgaben an die Monarchie (*taille, dixième, vingtième, capitation* etc.) belasteten vor allem die nichtadelige Landbevölkerung. Demgegenüber erfreuten sich die finanziell leistungsfähigsten Bevölkerungsschichten (z.T. auch das städtische Bürgertum) besonderer Privilegien. Adel und Klerus waren sogar größtenteils exempt. Zu diesen Ungerechtigkeiten und Ungleichheiten kamen solche bei den indirekten Steuern (*aides, gabelle* [Salzsteuer] u.a.), die vor allem von Region zu Region in sehr verschiedener Art und Höhe erhoben wurden. Dies galt besonders für die *Gabelle*, die deshalb allgemein verhaßt war. Nicht von ungefähr erscholl bei den Aufständen des 17. Jahrhunderts recht oft der Ruf: „Es lebe der König – ohne Gabelle!"

Da der Katholizismus Staatsreligion war, fielen der Kirche wichtige Aufgaben im Unterrichtswesen, in der Sozialfürsorge, bei der Führung der Zivilstandsregister u.a. zu, die heute vor allem vom Staat geleistet werden. Als finanzielle Grundlage dienten der Kirche der umfangreiche Besitz (Grundherrschaften, Immobilien etc.) und der Kirchenzehnt. Seit 1516 war das Verhältnis zum Papsttum bis zur Revolution durch das Konkordat von Bologna geregelt. Demnach hatte der Monarch die Befugnis, alle Bischöfe und die Äbte der wichtigsten Klöster des Reiches zu ernennen. Dem Papst blieb nur noch das Recht, diese Kirchenmänner durch die *institutio* zu bestätigen oder diese eventuell zu verweigern. Aufgrund der Konkordatsbestimmungen konnte der König seine Staatskirche weitgehend beherrschen. Die protestantischen Minderheiten wurden seit Ludwig XIV. nur mehr oder weniger geduldet, zeitweise aber auch verfolgt, die Juden waren im Prinzip nur in bestimmten Regionen (z. B. Elsaß) zugelassen.

4. Wirtschaft und Gesellschaft

Frankreich war wie die meisten Staaten Europas in erster Linie ein durch die Landwirtschaft bestimmtes Land, in der auch die große Mehrheit der Bevölkerung arbeitete. Deshalb bildete im Gegensatz zu heute damals die Agrarwirtschaft den Schlüsselsektor, der das ökonomische Leben bestimmte und die meisten Staatseinnahmen aufbrachte. Das Handwerk, die Manufakturen, der Handel und ab 1750 auch die Industrie blieben demgegenüber untergeordnete Faktoren. Das von Protestanten beherrschte Bankwesen, aber auch der auf wenige große Städte beschränkte Fernhandel waren weniger entwickelt als etwa in England oder Holland. So besaß Frankreich letztlich eine recht archaische Wirtschaftsstruktur agrarischer Provinzen.

Wenn man die Großwirtschaftslage analysiert, so erlebte das Königreich von etwa 1480 bis 1640 einen Aufschwung mit einer Zunahme von Bevölkerung, Handel, Produktion und Geldverkehr, der durchbrochen war von kürzeren Krisen. Hierauf folgte ab etwa 1650 eine Periode wirtschaftlicher Depression. Sie war geprägt durch Geldmanipulationen des in finanziellen Nöten steckenden Staates, von Bankrotten, Arbeitslosigkeit, hohen Sterblichkeitsraten und negativen Kriegseinwirkungen. Erst unter dem Premierminister Kardinal Fleury begann ab 1730 ein Wirtschaftsaufschwung. Dieser wurde durch das Ende der Epidemien, die Friedenszeit und die Stabilisierung der Währung verursacht. Allerdings standen einem

Bevölkerungswachstum erhöhte Preise, aber auch Produktions-
zuwächse gegenüber. Das große Angebot an Handarbeitern
führte zu niedrigen Löhnen, die mit der Preisentwicklung nicht
mithalten konnten, so daß der Wirtschaftsaufschwung vor allem den oberen Schichten zugute kam.

Der Wirtschaftsstruktur entsprechend war auch die Gesellschaft ländlich-agrarisch geprägt. Über 80% der Franzosen
(insgesamt 15 Millionen im 16., 18 bis 20 Millionen um
1700 und ca. 26 Millionen 1784) gehörten zur ländlich-
bäuerlichen Schicht. Diese und die mittleren und unteren
Bevölkerungsgruppen der Städte standen wirtschaftlich gese-
hen einer kleinen Oberschicht gegenüber, die vor allem Nutz-
nießer der Arbeit der bäuerlichen Bevölkerung war, nämlich
einem großen Teil des Klerus, dem Adel und dem Rentier-
Bürgertum.

Nach Rechtskriterien handelte es sich um eine Ständegesell-
schaft mit zwei privilegierten oberen Ständen (Klerus, Adel) und
dem Dritten Stand. Zu letzterem gehörten formal 98% der Bevölkerung. Beherrschend war hier das gehobene Bürgertum.
Abgesehen vom Klerus wurde man im Prinzip in einen Stand
hineingeboren. Im Gegensatz zum Kastenwesen waren jedoch
Aufstieg und Abstieg in einen anderen Stand durchaus möglich
und auch nicht selten. So strebten erfolgreiche Handwerker
danach, ins gehobene Bürgertum, und dieses, in den Amtsadel
aufzusteigen. Letzterer drängte dann in den Schwert- oder Alt-
adel.

Innerhalb der drei Stände gab es gewaltige Unterschiede. So
war der Klerus in zwei Schichten gespalten, nämlich in den
immer mehr zum Adelsmonopol werdenden, oft sehr reichen
hohen Klerus (Bischöfe, Domkapitulare, Äbte) und den nicht
selten recht armen niederen Klerus (Pfarrer, Vikare), der aus
bürgerlichen und bäuerlichen Kreisen stammte. Aber auch der
Adel wies große Unterschiede auf. Noch heterogener war
schließlich der Dritte Stand. Zu ihm gehörten im Prinzip und
gemäß rechtlicher Kategorie ebenso die reichen Bankiers, Fabrikanten, bürgerlichen Grundherren und Rentiers wie die
städtischen Zunfthandwerker, die Bauern und Landpächter

sowie Tagelöhner, Arbeiter, Witwen, Waisen, Wäscherinnen, Arme und Bettler.

5. Kultur und Geistesleben im 17. und 18. Jahrhundert

Während das Heilige Römische Reich durch viele bedeutende Mittelpunkte geprägt war, konzentrierten sich in Frankreich damals Kultur und Geistesleben vor allem am königlichen Hof und in der Hauptstadt, ja sie wurden von diesen beiden in hohem Maße bestimmt und beeinflußt. Was die Kunst betraf, so kannten Frankreich und sein Hof im 17. und 18. Jahrhundert eine Sonderentwicklung innerhalb Europas. Hier bildete sich nämlich der Gegensatz von Renaissancestil und Barock wesentlich weniger als in den anderen Ländern des Kontinents aus, und es entstand besonders im Schloßbau jener für die französische Kunst und vor allem für den Pariser und Versailler Raum charakteristische Klassizismus des 17. Jahrhunderts. Nach der *Grande Galerie* des Louvre und der (heutigen) Place des Vosges schuf man u. a. das Palais du Luxembourg in Paris und das Schloß Vaux-le-Vicomte in der Nähe der Hauptstadt. Zum großen Vorbild für ganz Europa wurde jedoch das 1661 begonnene Schloß von Versailles. Es verkörperte den großartigen steinernen Ausdruck des „absoluten" Herrschaftsanspruchs Ludwigs XIV., der sich als Sonnenkönig verstand.

Die bedeutendsten Komponisten der Zeit waren Jean-Baptiste Lully, Marc-Antoine Charpentier und Jean-Philippe Rameau, während im Bereich der Wissenschaften im 17. Jahrhundert der Philosoph und Mathematiker René Descartes richtungsweisend wurde. Außerdem wäre der Mathematiker, Physiker, Philosoph und Schriftsteller Blaise Pascal, ein den Jansenisten nahestehender asketischer Gelehrter, zu nennen. Vorbereitet vom Reformer der französischen Sprache und Dichtung François de Malherbe, wirkte die erste Generation der französischen Klassiker des 17. Jahrhunderts, welche die Willensstärke und Selbstbeherrschung betonte. Als wichtigster Vertreter dieser Richtung gilt der Tragödiendichter Pierre Corneille. In der zweiten Periode der französischen Klassik (ca. 1660–1690) wirkten so bekannte Dichter wie Molière, J.-B. Bossuet, Jean Racine, Jean de La Fontaine und Nicolas Boileau. Deren Literatur zeichnete sich aus durch die Harmonie der Kräfte und eine gelungene Symbiose aus antiker Kunst und moderner Vernunft. Seit den 1690er Jahren bereitete sich dann ein Umschwung vor. Ein Schriftsteller wie der 1715 gestorbene Bischof Fénélon war nämlich schon teilweise vom neuen Geist der Aufklärung geprägt.

Herrschte im 17. Jahrhundert ein stark christlich bestimmter und monarchischer Geist, so wurden im 18. Jahrhundert die bisher unangefochtenen Autoritäten Religion und Monarchie, aber auch die bestehende gesellschaftliche Ordnung von den führenden Geistern im Namen der Vernunft mehr und mehr in Zweifel gezogen. Dabei boten Mißstände und Mißbräuche in Kirche, Königtum und herrschender Schicht genug Anlaß für ätzende Kritik und den Kampf gegen die traditionellen Autoritäten. Bei den geistig führenden Schichten und der von ihnen dominierten veröffentlichten Meinung herrschte zunehmend antichristliches, antimonarchisches und kosmopolitisches Denken vor. Dadurch wurde mit der Zeit die Herrschaftsordnung weitgehend zersetzt und die später wirkkräftige revolutionäre Mentalität mit ihren neuen politischen Idealen geschaffen.

Kunst und Literatur traten in diesem Zeitalter der Aufklärung zurück, weil jetzt vor allem politische und soziale Fragen in den Vordergrund des Interesses rückten. In den gebildeten Schichten dominierte mehr und mehr die Philosophie der Aufklärung, die in Frankreich geprägt war durch ihre Kritik der Metaphysik, aber auch der damals bestehenden Autoritäten, ferner durch ihren Empirismus und Deismus. Letztere führten oft zum Materialismus und Atheismus.

Von 1715 bis etwa 1750 vollzog sich der Kampf der „Philosophen" gegen das Ancien régime noch in gemäßigten Bahnen. So forderte etwa Montesquieu in seinem bedeutenden staatstheoretischen Werk *Vom Geist der Gesetze* die Gewaltenteilung. Nach 1750 wurde jedoch der Kampf gegen die bestehenden Autoritäten immer heftiger. Der dominierende Schriftsteller und Philosoph dieser zweiten Generation der französischen

Aufklärung war Voltaire (1694–1778), ein wortgewaltiger, religionskritischer und recht kampf- und spottlustiger Universalgelehrter und Popularisator der neuen Ideen. Eine große Wirkung auf die Gebildeten übten auch die Enzyklopädisten aus. Sie propagierten den Sieg der Vernunft und auch den des Atheismus. Schließlich spielte der aus Genf kommende Jean-Jacques Rousseau (1712–1778) eine wichtige Rolle. Er vertrat die Überzeugung, der Mensch sei von Natur aus gut und nur durch die Zivilisation und das Eigentum verdorben. In seinem zentralen Werk über den Gesellschaftsvertrag, einer theoretischen Gedankenkonstruktion, die stark von der kalvinistischen Lehre der Volkssouveränität geprägt war, forderte er die Erneuerung der Gesellschaft. Aber zurück zur politischen Entwicklung seit dem Ende des 16. Jahrhunderts!

6. Konsolidierung und Höhepunkt des „Absolutismus"

Nach den Religionskriegen galt es für Heinrich IV., das Königreich zu konsolidieren und den inneren Frieden zu sichern. Dabei mußte der Konvertit versuchen, sich als guter Katholik zu zeigen und die katholische Mehrheit zu fördern, aber gleichzeitig auch seine früheren Glaubensgenossen nicht zu vernachlässigen, um ein Gleichgewicht zu erhalten.

Die katholische Kirche erlebte damals einen geistigen und religiösen Aufschwung; denn es setzten sich zunehmend die Forderungen des Trienter Konzils in einer allgemeinen Reformbewegung (blühende Orden, auch für Frauen, Pflege der Mystik, Verinnerlichung des religiösen Lebens besonders durch Franz von Sales) durch.

Die Außenpolitik des Königs, der sehr vorsichtig sein mußte, richtete sich gegen das habsburgische Spanien und den Kaiser. Deshalb unterstützte er im Reich die protestantischen Fürsten. Als wegen des Jülich-Klevischen Erbfolgestreits Europa vor einem Krieg stand, wurde Heinrich am 14. Mai 1610 von einem katholischen Fanatiker ermordet. Der Thronfolger Ludwig XIII. (1610–1643) war damals nur neun Jahre alt. So übernahm seine Mutter Maria von Medici die Regentschaft. Bald wurden die Minister Heinrichs IV. durch den Emporkömmling Concini verdrängt. In der Außenpolitik strebte Maria die Annäherung an Spanien an und schloß 1612 einen Vertrag, der eine doppelte spanische Heirat vorsah, darunter die Ehe Ludwigs XIII. mit der Infantin Anna. Der durch seine Mutter und ihren Günstling Concini von der Macht ausgeschlossene junge König übernahm allerdings am 24. April 1617 im Gewaltstreich (Ermordung Concinis, Verbannung der Königin) die Macht, kämpfte zusammen mit seinem Vertrauten Charles d'Albert de Luynes gegen die Opposition der Großen des Landes und die Hugenotten, welche die Einheit des Königreiches bedrohten. 1624 berief dann Ludwig den Kardinal A.-J. du Plessis de Richelieu (1585–1642) in den Staatsrat, der schon ab Oktober, inzwischen Vertrauensmann des Königs geworden, als „Premierminister" die Politik leitete.

In den nächsten 18 Jahren hing das Wohl des Staates vom engen Zusammenwirken des Königs mit seinem überragenden Minister ab. Dieser nüchterne, willensstarke, intelligente, aber kränkelnde Mann ordnete alles der Staatsräson, d. h. dem Interesse und der Ehre der Krone, unter. Seine Politik verfolgte im wesentlichen drei Ziele, nämlich die Vernichtung der politisch-militärischen Partei der Protestanten im Inneren, ferner die Niederwerfung der rebellischen Großen und schließlich in der Außenpolitik die Schwächung des Hauses Habsburg. Deshalb unterstützte er im Dreißigjährigen Krieg im Reich die Protestanten. Als 1627/28 ein Krieg der mit den Engländern verbündeten Hugenotten um La Rochelle ausbrach, der vom König siegreich beendet wurde, behielten die Protestanten durch das Edikt von Alès (1629) zwar ihre Kultfreiheit, Richelieu ließ aber ihre militärischen Sicherheitsplätze auflösen. Damit war der Staat im Staate, die hugenottische Militärpartei, beseitigt und das erste Ziel Richelieus erreicht. Bis 1631 kam dieser auch in seinem zweiten Anliegen, durch Ausschaltung der Partei Maria von Medicis, weiter. Seinem dritten Ziel, d. h. der Schwächung der Habsburger, versuchte sich der Kardinal durch massive finanzielle Unterstützung der Schweden (Vertrag von Bärwalde 1631) anzunähern. Als 1634 aber durch die

Schlacht bei Nördlingen die Gefahr eines starken habsburgischen Kaisertums drohte, ging Richelieu von der verdeckten Kriegführung zum offenen Eintritt in den Kampf über. Dieses große militärische Engagement führte allerdings zu bedeutenden finanziellen und wirtschaftlichen Problemen.

Trotzdem hinterließ Richelieu bei seinem Tod am 4. Dezember 1642 eine gefestigte absolutistische Monarchie im Inneren und eine hoffnungsreiche militärische Situation nach außen hin. Als Ludwig XIII. im Mai 1643 starb, war sein älterer Sohn Ludwig XIV. noch nicht einmal fünf Jahre alt, so daß es zur Regentschaft der Königin Anna kam, der mit Mazarin ein sehr fähiger Mann zur Seite stand.

Bis 1661 führte der energische, fähige und arbeitsame Kardinal Jules Mazarin als Premierminister die Politik Richelieus fort. Dies galt auch für den Dreißigjährigen Krieg, an dessen Ende er für Frankreich bedeutende Gewinne herausholen konnte (endgültiger Erwerb der drei lothringischen Bistümer Metz, Toul, Verdun und des größten Teils vom Elsaß). Allerdings führten die harten Belastungen des Krieges zu wirtschaftlichen und gesellschaftlichen Widerständen. Es kam zu einer bedrohlichen oppositionellen Bewegung und zu Aufständen, d. h. zur Fronde von 1648 bis 1653, bei der man vier Phasen unterscheiden kann: die Parlamentsfronde 1648/49, die Prinzenfronde 1650, die dritte Phase der Fronde 1650 bis 1651, als sich das Pariser Parlament mit den Prinzen zusammentat, die Volksmassen das Palais Royal stürmten und Mazarin vorübergehend ins Exil nach Brühl (Kurköln) flüchtete, und schließlich als vierte Phase der Condé-Krieg 1651 bis 1653, der zu Anarchie und schweren Verwüstungen führte.

Diese Fronde hatte katastrophale wirtschaftliche und soziale Folgen (gewaltige Preissteigerungen, Hungersnöte, Epidemien, demographische Krise). Nach dem Tod des außergewöhnlichen und unter schlimmsten Widrigkeiten erfolgreichen Staatsmannes und Mäzens übernahm Ludwig XIV. am 10. März 1661 im Alter von 22 Jahren die Selbstregierung ohne Mitwirkung eines „Premierministers".

Der Sonnenkönig hat wie kein anderer in seiner Person die

Souveränität des „absoluten" Monarchen verkörpert und diese zentrale Position als „Mittelpunkt eines jeden Entscheidungsprozesses" und als „allgegenwärtiger" König ausgefüllt [Mandrou, Staatsräson, 36 ff.]. Dieser schwierigen Rolle konnte allerdings nur eine Persönlichkeit mit so robuster Gesundheit, einem so gewaltigen Fleiß, einer ungeheuren Arbeitskraft und einer so großen Selbstdisziplin wie Ludwig XIV. gerecht werden. Auf diese Weise konnte er seinen Hof in Versailles, wo bis zu 20 000 Hofadlige, Künstler, Leibgardisten und Bedienstete sich um den Monarchen als den strahlenden Mittelpunkt scharten und wo der Sonnenkönig seinen täglichen Lebensablauf, streng durch ein aufwendiges Zeremoniell festgelegt, zelebrierte, zu einem in ganz Europa bewunderten und nachgeahmten politischen, höfischen, geistigen und künstlerischen Zentrum machen.

Innenpolitisch vollendete Ludwig die Festigung der „absolutistischen" königlichen Gewalt und übertrug dem Tuchhändlersohn Jean Baptiste Colbert (1619–1683) die Leitung der Finanzen. Colbert versuchte, diese zu sanieren und möglichst viel Geld für die Prestigepolitik seines Monarchen zur Verfügung zu stellen. Außerdem verfolgte er mit viel Energie eine merkantilistische Wirtschaftspolitik und förderte die französischen Kolonien als Rohstofflieferanten.

Im kirchlichen Bereich versuchte Ludwig XIV., seine Untertanen nach dem Prinzip ein König, ein Königreich und eine einzige Staatsreligion zu vereinheitlichen und zu beherrschen. Bei dem Versuch, diesen Anspruch rigoros durchzusetzen, kam es allerdings zu drei schweren Konflikten, nämlich mit dem Papsttum, dem Jansenismus und dem Protestantismus. Ludwig, der unerbittlich und systematisch das Prinzip des Gallikanismus mit weitgehender Unabhängigkeit vom Papst durchsetzen wollte, führte einen 30jährigen Kampf gegen das Oberhaupt der katholischen Kirche, dessen Territorium Avignon er 1688 besetzen ließ. Da der Papst, wie es laut Konkordat von 1516 möglich war, den vom König eingesetzten Bischöfen die institutio verweigerte, waren bald 35 Diözesen ohne kirchlich anerkannten Bischof. Ab 1693 strebte der Sonnenkönig, der bisher scharf gegen jeden kirchlichen Widerstand eingeschritten war, allerdings die Versöhnung mit dem Papst an und nahm die „vier gallikanischen Freiheiten" zurück.

Den zweiten Konflikt trug Ludwig mit dem Jansenismus aus, einer der großen frühneuzeitlichen Bewegungen der katholischen Theologie. Da sich der Jansenismus stark ausbreitete und weil sich um diese Bewegung viele Opponenten des Königs scharten, schritt dieser hart gegen sie ein, ließ 1703 den geistigen Führer Pater Quesnel verhaften und veranlaßte Papst Klemens XI., durch die Bulle *Vineam Domini* von 1705, den Jansenismus endgültig zu verurteilen. Als dieser immer mehr den Charakter einer politischen Bewegung annahm, drängte Ludwig den Papst dazu, diese durch die Bulle *Unigenitus* 1711 zu verwerfen. Hierauf kam es zur Spaltung der Kirche und des Volkes.

Am folgenreichsten und schärfsten war jedoch der dritte Konflikt, der mit den Protestanten, die damals etwa 5% der Bevölkerung ausmachten. Der König hatte nämlich mitten im schweren Streit mit dem Papst beschlossen, in seinem Königreich die „Ketzer" auszurotten, deren durch das Edikt von Nantes anerkannte Stellung dem Ideal des einheitlichen absolutistischen Staates widersprach. Ludwig scheint geglaubt zu haben, dieses Problem durch Druck und Zwang lösen zu können.

Als Schlußpunkt seiner Unterdrückungsmaßnahmen widerrief Ludwig am 18. Oktober 1685 durch das Edikt von Fontainebleau dasjenige von Nantes. Dadurch wurden die Protestanten rechtlos, ihre Geistlichen ausgewiesen, ihr Gottesdienst untersagt. Obwohl ihre Auswanderung streng verboten wurde, verließen 200000 bis 500000 Hugenotten das Land. Dabei handelte es sich vielfach um charakterlich hochwertige und beruflich besonders fähige Protestanten (Fabrikanten, Facharbeiter, Geschäftsleute). Sie kamen in die Schweiz, nach Holland, England und Deutschland und brachten ihre Kenntnisse, Talente und ihr Geld dorthin. Demgegenüber blieben die einfachen Leute im Lande und hielten vielfach an ihrem Glauben fest. Neben den religiösen und moralischen Schäden verursachte die Verfolgung der Protestanten und deren Flucht große wirtschaftliche Nachteile für Frankreich.

Ludwig XIV. widmete sich stark der Außenpolitik, die traditionell ein spezielles Betätigungsfeld der Monarchen darstellte. Ihm ging es damals, wie er immer wieder betonte, vor allem um seinen Ruhm, um seine *réputation,* und er konnte in einer ersten Phase seiner Außenpolitik von 1661 bis 1679 zahlreiche Siege und Erfolge erzielen. Er wollte nämlich in Europa den Vorrang Frankreichs durchsetzen, Spanien isolieren und dem Kaiser in Wien Schwierigkeiten bereiten. Zunächst ließ er im Devolutionskrieg (1667/68) französische Truppen in Flandern einmarschieren. Da sich jedoch eine europaweite Koalition gegen Frankreich abzeichnete, scheiterte letztlich dieser Blitzkrieg, und Ludwig XIV. trat dem Frieden von Aachen (1668) bei. Sein Haupterfolg blieb der Gewinn der Stadt Lille für Frankreich. Am 6. April 1672 begann dann mit einer bestens organisierten, riesigen Armee von 120000 Mann der Angriff auf die nördlichen Niederlande. Dort konnte man sich nur durch Öffnung der Schleusen und Überschwemmung des Landes gegen die französische Übermacht behaupten. Schließlich wurde 1678/79 der Friede von Nimwegen geschlossen. Er brachte Frankreich folgende Gewinne: die Franche Comté und den südlichen Festungsgürtel der Niederlande sowie im Heiligen Römischen Reich die vorderösterreichische Stadt Freiburg i. Br.

Mit diesen Abrundungen seines Territoriums gab sich der Sonnenkönig jedoch nicht zufrieden, sondern begann 1679 bis 1696 seine Hegemonie in Europa durch eine Eroberungspolitik auszubauen, bei der er nicht vor Gewalttaten und Aggressionen zurückschreckte, die allerdings mit der Zeit das übrige Europa gegen ihn aufbrachten. Ludwig ließ durch sogenannte Reunionen große Teile des Elsaß und linksrheinische Dörfer annektieren, eroberte 1681 die Reichsstadt Straßburg und die Festung Casale, begann 1688 den Pfälzischen Erbfolgekrieg, da er Ansprüche auf das Allodialerbe seiner Schwägerin Elisabeth Charlotte von der Pfalz erhob. Damals ließ er durch Mélac u. a. Heidelberg und Speyer zerstören. Da sich gegen ihn eine große

Allianz u.a. mit England, dem Kaiser und den Niederlanden gebildet hatte, mußte er 1697 in Rijswijk seinen ersten Verlustfrieden abschließen. Obwohl auf dem Schlachtfeld unbesiegt, litt Frankreich nämlich unter den gewaltigen finanziellen Lasten des Krieges und einer katastrophalen Hungersnot mit Millionen von Toten.

Nach einer kurzen Atempause brach dann schon 1701 der Spanische Erbfolgekrieg aus, bei dem er für die Ansprüche seines Enkels Philipp V. auf den spanischen Königsthron kämpfte. Auf der anderen Seite wollte Kaiser Leopold I. für seinen jüngeren Sohn Karl die Krone Spaniens gewinnen, unterstützt hauptsächlich aus wirtschaftlichen Gründen von Großbritannien und den Niederlanden. Nach anfänglichen Erfolgen erlitten die Franzosen mehrere schwere Niederlagen, so daß Ludwig XIV. für sein finanziell ruiniertes und militärisch ausgeblutetes Land den Frieden suchen mußte, der schließlich 1713 (Utrecht) und 1714 (Baden, Rastatt) zustande kam. Als der König 1715 starb, stöhnten seine Untertanen unter den wirtschaftlichen und finanziellen Folgen seiner ehrgeizigen Großmachtpolitik. Wegen der hohen Schulden (2,4 Milliarden l.t.) endete die Regierungszeit des vielbewunderten Sonnenkönigs mit einem partiellen Staatsbankrott. Dies bedeutete für seinen fünfjährigen Nachfolger und Urenkel Ludwig XV. eine schwere Hypothek, mit der sich zunächst dessen Onkel Philipp Herzog von Orléans als Regent herumschlagen mußte.

7. Wachsende Probleme im 18. Jahrhundert

In der Regentenzeit (1715–1722) wurden entscheidende Weichenstellungen vorgenommen, die auf weitere Sicht zum Ende des Ancien régime beitrugen. Zunächst ist hier die Anerkennung einer politischen Rolle des Pariser Parlaments (oberster Gerichtshof) zu nennen, das allzuoft als Interessenvertretung der Privilegierten die nötigen Reformen blockierte, ferner die Aufwertung der jansenistischen, richeristischen und gallikanischen Bewegung. Dies führte zu einer Schwächung der königlichen Autorität. Hinzu kam die dauernde zersetzende Kritik der öffentlichen Meinung, welche die Fehler und Schwächen von Monarch, Hof und Kirche systematisch übertrieb. Schließlich hatte das unglücklich verlaufende Papiergeldexperiment des schottischen Finanzmanns John Law für Generationen das Vertrauen in jede Art von Papiergeld und öffentliche Kreditanstalt erschüttert, während in Großbritannien die *Bank of England* im 18. Jahrhundert eine wichtige Rolle bei der Lösung des Schuldenproblems spielen konnte. Trotzdem bedeutete die Regierungszeit des Kardinals Fleury von 1726 bis 1743 noch ein goldenes Zeitalter. Dem greisen Staatsmann gelang es bis 1741, außenpolitisch Frieden zu halten. Innenpolitisch schuf er die Währungsstabilität, so daß es zu einem Wirtschaftsaufschwung und zu wachsendem Wohlstand kam. Auch im religiösen Bereich konnte er den Frieden vorläufig wiederherstellen. Allerdings versäumte er es, nötige Strukturreformen durchzuführen. In der Außenpolitik konnte sich ab 1741 die Kriegspartei am Hof gegen den Kardinal durchsetzen und den französischen Eintritt in den Österreichischen Erbfolgekrieg (1741–1748) erzwingen, der Frankreich letztlich wenig militärische Erfolge brachte, aber hohe Schulden verursachte.

Nach dem Tod des 90jährigen Kardinals begann die „Herrschaft" der Mätressen am Hof, wie der Marquise de Pompadour von 1745 bis 1764 und später der Gräfin du Barry. Vor allem die Pompadour übte starken Einfluß auf die Personalentscheidungen und somit auf die allgemeine Politik Ludwigs XV. aus, eines gutaussehenden, intelligenten, aber schüchternen, egoistischen, ausschweifenden und wenig willensstarken Monarchen. In dieser Zeit kamen die obenerwähnten negativen Weichenstellungen offen zum Tragen, so daß es zu Regierungskrisen und harten Auseinandersetzungen im Inneren kam. Erst am Ende seiner Regierungszeit raffte sich Ludwig XV. auf, ließ die revoltierenden Parlamentsräte verbannen und ging trotz deren Agitation und trotz Aufruhr der von ihnen aufgewiegelten Volksmassen daran, die dringend nötigen Reformen (Abschaffung der Käuflichkeit der Richterämter, gerechtere Besteuerung, Einschränkung der Privilegien) durchzuführen. Als der König 1774 an den Pocken starb, hinterließ er ein durch den Siebenjährigen Krieg (1756–1763) hochverschuldetes Land, das vor allem in Amerika und Indien weitgehend seine Besitzungen verloren hatte, und erst in den Anfängen positiver Reformen im Innern stand.

Unter dem Druck der Parlamentsräte und der von ihnen gelenkten öffentlichen Meinung holte der unerfahrene junge Ludwig XVI., ein gutwilliger, tugendhafter, aber schüchterner, willensschwacher Mann die Parlamentarier zurück und war in der Folgezeit durch deren Blockadepolitik nicht mehr in der Lage, auf Dauer Reformen durchzusetzen. Nach einer Ausgleichs- und Friedenspolitik nach außen hin führte das von der Öffentlichkeit begeistert gefeierte französische Eingreifen in den Amerikanischen Unabhängigkeitskrieg (1778–1783) gegen England zu einem katastrophalen Anstieg der Schulden. Um seiner Popularität willen hatte nämlich der Finanzminister Jacques Necker diesen Krieg nicht durch Steuererhöhung, sondern durch enorme Kreditaufnahmen finanziert. Die Folgen (extreme Verschuldung) waren jedoch für das Regime letztlich tödlich. Hinzu kam eine allgemeine Autoritätskrise, die durch die lebenslustige, verschwenderische, etwas frivole Königin Marie Antoinette trotz des guten Willens des Königs, seiner toleranten Politik ohne politische Todesurteile angesichts der unhaltbaren Situation immer gravierender wurde und zum Ende des Regimes führte.

III. Die Große Revolution

1. Zusammentritt der Generalstände

Nachdem das Königtum angesichts des Widerstandes der Privilegierten, der von der öffentlichen Meinung unterstützten Obstruktionspolitik der Parlamente und der immer schärfer werdenden wirtschaftlichen, sozialen und finanziellen Krise kapitulieren mußte, blieb nur die Einberufung der seit 174 Jahren nicht mehr zusammengetretenen Generalstände als Aus-

weg. Während des Wahlkampfes ließen vor allem die führenden Köpfe des Dritten Standes eine große Anzahl von Flug-
schriften mit Reformideen verbreiten. Da die Deputierten von
ihren Wählern ein imperatives Mandat erhielten, wurde damals eine gewaltige Masse von Beschwerdeschriften *(cahiers de
doléances)* verfaßt, die man den Abgeordneten mitgab. Immerhin sind 60000 davon noch erhalten. Mit Recht betonen
Furet und Richet, es gebe „in der Geschichte kein ähnliches
Beispiel für eine solche schriftliche Konsultation eines ganzen
Volkes" [Französische Revolution, 84]. In erstaunlich liberaler
Weise wählten Klerus und Adel ihre Vertreter direkt und der
Dritte Stand seine Deputierten indirekt über Wahlmänner.

Am 5. Mai 1789 traten dann die 1165 Deputierten [so Vovelle, La Chute, 116] zusammen, und zwar 291 Vertreter des
Klerus mit großer Mehrheit der niederen Geistlichkeit, 270
Deputierte des Adelsstandes, darunter etwa ein Drittel Liberale, sowie 578 Vertreter des Dritten Standes. Dort überwogen
Advokaten, Notare, Schriftsteller und Rentiers. Hingegen zählte nicht ein Arbeiter, Handwerker oder Bauer zu den Deputierten.

2. Die drei revolutionären Akte von 1789
und die Erklärung der Menschen- und Bürgerrechte

Als die endlosen Geschäftsordnungsdebatten zu keiner Einigung führten, kam es am 17. Juni 1789 zum ersten revolutionären Akt, denn der durch Geistliche erweiterte Dritte
Stand erklärte sich im Gegensatz zum historischen Verfas-
sungsrecht zur Nationalversammlung *(Assemblée nationale)*
und erhob den Anspruch, alleiniger Repräsentant des Willens
der Nation zu sein. Durch diese politische Revolution, welche
die mittelalterliche Ständeordnung durchbrach, entstand in
Frankreich eine neue Souveränität, die allerdings von der
Mehrheit des Adels und vielen Bischöfen zunächst nicht anerkannt wurde.

Ergänzt durch die Mehrheit der Geistlichkeit und eine liberale Minderheit des Adels, leisteten dann die Deputierten am

24. Juni im Ballspielhaus den berühmten Schwur, sich niemals von der Nationalversammlung zu trennen, bis die Verfassung des Königreiches geschaffen sei. Nach anfänglichem Widerstand, erkannte der schwächliche, schwankende König schließlich notgedrungen die Veränderungen an.

Für die endgültige Durchsetzung der Revolution kam dem zweiten revolutionären Akt, den Gewaltaktionen der Pariser Massen, eine bedeutende Rolle zu. Besonders symbolträchtig war dabei der Sturm auf die Bastille am 14. Juli, bei dem es zahlreiche Tote auf beiden Seiten gab.

Von Paris aus breitete sich die Revolution in andere Städte in der Provinz aus; es kam zur sogenannten munizipalen Revolution, denn jetzt wurde überall das Volk durch Gerüchte, Redner und Verbreitung von Angst in revolutionäre Aufregung versetzt. Man beschaffte sich Waffen und schuf unabhängige Stadtdemokratien. Von den Städten griffen dann die Unruhen schnell auf das Land und die Bauern über. Diese weigerten sich vielfach, noch den Kirchenzehnt und die Grundabgaben zu zahlen, und begannen Schlösser und Klöster zu stürmen. Emsig verbreitete Gerüchte von einem bevorstehenden Komplott der Aristokraten und einer Invasion von räuberischen ausländischen Truppen führten zu Panik und Massenhysterie, der *Grande Peur,* die letztlich unbegründet war. In der denkwürdigen Nacht vom 4. auf den 5. August 1789 beschloß dann die Nationalversammlung die Abschaffung der Privilegien und Feudalrechte. Damit wurde als drittes auch die soziale Revolution durchgeführt, welche die Struktur des Ancien régime beseitigte. Die Abschaffung des Feudalismus wurde am 11. August von der Nationalversammlung bekräftigt.

Besonders wichtig war schließlich die Erklärung der Menschen- und Bürgerrechte (26. 8. 1789), die bis heute zum Bestandteil demokratischer Verfassungen gehören. Während die Erklärung in feierlichen Formulierungen jeweils Zustände des Ancien régime abschaffte, artikulierte sie neue Normen. Es heißt dort zum Beispiel im ersten Artikel: „Die Menschen werden frei geboren und bleiben frei und gleich an Rechten." Außerdem vertrat die Erklärung das Prinzip der nationalen Souveränität – d.h. Inhaber der Souveränität ist die Nation – und den Grundsatz der Gewaltenteilung, der sich von Montesquieu und dem Vorbild der englischen Praxis ableitete. Damit trennte man im Gegensatz zum Ancien régime die legislative, exekutive und judikative Gewalt und schrieb deren Übertragung an drei unterschiedliche Staatsorgane vor.

3. Die Zeit der Constituante

Durch Volksaufstände, Verschlechterung der Ernährungslage und der wirtschaftlichen Situation sowie durch die rückwärts-gewandte, zögerliche Politik des Königs gestaltete sich die Lage immer radikaler, angeheizt von Jean-Paul Marat. Am 5. Oktober zogen dann 5000 bis 10000 Frauen aller Schichten nach Versailles, forderten Brot, Entlassung der Truppen und die Umsiedlung des Königs nach Paris. Ludwig, der den Forderungen nachgab und grundsätzlich Blutvergießen ablehnte, verbot, die Truppen gegen die Meuterinnen einzusetzen. So schien sich die Lage beruhigt zu haben.

Zur Überraschung des Königs drang aber am 6. Oktober um 6 Uhr früh die Volksmenge gewaltsam in das Versailler Schloß ein. Es gab Tote und Verletzte auf beiden Seiten. Der König wurde mit seiner Familie, umgeben von Nationalgardisten und dem Zug der Frauen, nach Paris in den Palast der Tuilerien gebracht, wo er praktisch in die Gewalt der Pariser Massen geriet. Einen Tag später kam auch die Nationalversammlung in die riesige Hauptstadt.

Die *Constituante* regierte von da an bis Herbst 1791 Frankreich weitgehend souverän und führte entscheidende Strukturveränderungen durch. Sie tagte in der Reitbahn der Tuilerien, einem Saal für 2000 Personen, davon 600 Plätze auf Zuschauertribünen. Obwohl noch keine Parteien im modernen Sinn existierten, bildeten sich bald verschiedene Parteiungen und Klubs, die Einfluß auf die Beschlüsse nahmen. Dies gilt besonders für den bedeutenden Jakobinerklub, der bald eine über das ganze Land reichende Organisation mit fast 450 Tochtergesellschaften des Pariser Klubs aufbaute. Dieser Klub, stark antireligiös eingestellt, wurde vom gehobenen Bürgertum beherrscht.

In dieser Konstellation stellte die *Constituante* damals die nationale Einheit her und teilte, dem ahistorischen Geist und dem Rationalismus der Revolutionäre gemäß, das Land in weitgehend gleich große Departements ein. Dadurch wollte man die Zentralisierung einer verbrüderten Gesamtnation betonen. Zum wichtigsten Mann wurde in dieser Zeit der Chef der Nationalgarde in Paris, Marquis de La Fayette (1757–1834), ein liberaler Adeliger, der bei der Föderationsfeier am 14. Juli 1790 seinen öffentlichen Triumph feierte, während Ludwig XVI. die Rolle eines konstitutionellen Monarchen oder „ersten Beamten der Nation" zu akzeptieren hatte.

Da die Finanzkrise nach wie vor das entscheidende Problem des Landes blieb und sich noch laufend verschlimmerte, mußte sich die Nationalversammlung diesem drängenden Problem zuwenden.

4. Einziehung der Kirchengüter und Zivilkonstitution des Klerus von 1790

Als die beschlossene Steuerreform mit Abschaffung der meisten indirekten Steuern und Einführung von Grund-, Miet- und Gewerbesteuern unwirksam blieb, mußte man andere Wege suchen. Da der Artikel 17 der Menschenrechtserklärung das Eigentum zum unverletzlichen und geheiligten Recht erklärt hatte, konnte und wollte man nicht an die Enteignung adeliger oder bürgerlicher Großgrundbesitzer, die stärkere Besteuerung von Spekulanten und Industrie oder die ersatzlose Beseitigung gekaufter Ämter gehen. Wenn man aber das herrschende gehobene Bürgertum und die Bevölkerung nicht zur Kasse bitten wollte, blieb nur ein Ausweg: die Enteignung der Güter der katholischen Kirche. Der Vorschlag kam vom revolutionären Bischof Talleyrand. Er setzte die „Gemeinschaft der Gläubigen" mit „Nation" gleich, die dann auch diese Güter, wenn es ihren Zwecken diene, in andere Hände legen könne. Hierauf stellte Graf Mirabeau den Antrag, die Kirchengüter zum Nationaleigentum *(biens nationaux)* zu erklären. So beschloß die Nationalversammlung am 2. November 1789 mit 568 gegen 346 Stimmen, den Kirchenbesitz „der Nation zur Verfügung zu stellen".

Nachdem am 4. August 1789 der Kirchenzehnt abgeschafft worden war, verlor die katholische Kirche mit der Enteignung ihres Vermögens die zweite materielle Basis und somit jegliche finanzielle Mittel. Sie wurde dadurch entmachtet und völlig abhängig. Diese Enteignung der Kirchengüter gehörte zu den einschneidendsten Maßnahmen der Revolution. Sie hat die mächtige bisherige Staatskirche, vom antiklerikalen Philosophen Voltaire als *l'infâme* (die Schändliche) betitelt, tief getroffen.

Trotzdem waren zunächst viele niedere Kleriker mit der Maßnahme einverstanden, da festgelegt wurde, die Geistlichen sollten als „Beamte der Moral" nun vom Staat bezahlt werden. Der meist weit unter Wert erfolgte Verkauf der Kirchengüter, etwa 10% des gesamten französischen Grundbesitzes, kam vor allem Bürgern und wohlhabenden Bauern zugute. Da die Revolutionsregierung außerdem mit hohen Summen die im Ancien régime gekauften Ämter von den bürgerlichen Inhabern zurückerwarb, blieben durch die Kirchengüterversteigerung nicht genügend Mittel übrig, um die Staatsfinanzen wirklich zu sanieren. Dennoch konnte man den Staat wenigstens vorerst vor dem Bankrott bewahren. Man gab nämlich Assignaten, Schuldverschreibungen, aus, für die man als Sicherheit die aus dem Nationalgüterverkauf zu erwerbenden Gelder ansetzte. Sie wurden später zu einer Art Papiergeld umfunktioniert.

Die katholische Kirche wurde nun unter Bruch des Konkordats von 1516 ohne Konsultation des Papstes oder anderer kirchlicher Instanzen durch die Zivilkonstitution des Klerus (12. 7. 1790) verstaatlicht und radikal umorganisiert. Während sie alle Schulen, Gymnasien, Universitäten und Krankenhäuser verlor, waren jetzt die Bischöfe und Pfarrer von den Aktivbürgern, d.h. den vermögenden, Steuer zahlenden Männern ohne Rücksicht auf Glauben und Konfession zu wählen. Die Diözesen wurden auf die Zahl der Departements reduziert.

Als von allen Priestern als Staatsbeamten die Eidesleistung auf die Nation und die Zivilkonstitution des Klerus unter Androhung von Entlassung und Strafverfolgung gefordert wurde, verweigerte zum Erstaunen der Abgeordneten fast die Hälfte der Priester des Landes den Eid. Der Widerstand verstärkte sich noch, als die ablehnende Haltung des Papstes bekannt geworden war. In den stark christlichen Regionen im Norden und Osten Frankreichs lehnten sogar 80 bis 90% der Geistlichen den Eid ab. Neben den adeligen Bischöfen ging nun auch ein großer Teil des niederen Klerus und ihre Gläubigen in Opposition. Als der Papst die konstitutionellen Priester mit dem Bann bedrohte, kam es zum Kirchenschisma und zur Spaltung Frankreichs in zwei Lager, wodurch „ein neuer Religionskrieg ausgelöst" wurde, der Frankreich erschütterte.

5. Erste Verfassung (1791) und Legislative (1791/92)

Während die kontroversen Debatten in der Nationalversammlung, besonders die Reden der Linken wie Buzot, Robespierre oder Barnave, die Gemüter erregten, kam es zu Bauernaufständen und einer immer höheren Inflation. Ludwig XVI., der praktisch der Gefangene der Pariser Massen war, ließ die beschlossenen Maßnahmen oft mit innerem stillen Widerstand geschehen. Als er am 20./21. Juni 1791 einen recht dilettantisch durchgeführten Fluchtversuch mit seiner Familie unternahm, aber in Varenne verhaftet und unter demütigenden Bedingungen nach Paris zurückgebracht wurde, erlitt der monarchische Gedanke einen gewaltigen Schaden, und der König war diskreditiert. Es kam zu Unruhen, zum Ruf nach der Republik und zur Spaltung der Jakobinerklubs. Trotzdem wurde am 3. September die lange erwartete Verfassung von der *Constituante* verabschiedet, welche die konstitutionelle Monarchie einführte. Nachdem der suspendierte Monarch am 13. September diese Verfassung angenommen hatte, wurde er wieder Staatsoberhaupt, aber jetzt als König der Franzosen. Er bekam eine Zivilliste (jährliche Summe) zugebilligt und repräsentierte die exekutive Gewalt, während der Nationalversammlung als legislativer Körperschaft der Löwenanteil des politischen Gewichts zukam. Die Abgeordneten wurden von den (vermögenden) Aktivbürgern (etwa die Hälfte der französischen Männer) auf eine ziemlich komplizierte, indirekte Art gewählt. In der Praxis schwand die Macht des Königs, dessen in der Verfassung garantiertes Vetorecht nicht durchsetzbar war. In der ausschließlich aus neuen Deputierten bestehenden Legislative saßen links etwa 140 Jakobiner, rechts etwa 260 gemäßigte *Feuillants* und in der Mitte ca. 350 Abgeordnete ohne eigentliches Programm. Hatten zunächst die *Feuillants* die Macht, so ging diese zunehmend auf die gemeinsam agierende mittlere und linke Parteiung über. Letztere spaltete sich dann aber in zwei Lager, die *Gironde* und die weiter links stehende *Montagne* (Bergpartei).

Gleichzeitig nahm die Bedeutung der Klubs zu, besonders des Jakobinerklubs, der von Robespierre geführt wurde und starken Druck auf die *Assemblée* ausübte. Wichtig war auch der *Club des Cordeliers*, in dem Leute wie Desmoulins, Marat und Hébert wirkten und der eng mit Agitatoren der Pariser Viertel und Vororte verbunden war.

Während sich die wirtschaftliche und soziale Krise mit Inflation und Hungersnöten verschärfte und die Stimmung von der radikalen Bewegung der von Robespierre geleiteten Sansculotten angeheizt wurde, erklärte Frankreich als Antwort auf den Einschüchterungsversuch durch die Pillnitzer Konvention (1791) zwischen Kaiser und preußischem König im April 1792 Österreich den Krieg. Mit dem Ruf „das Vaterland ist in Gefahr" proklamierte die *Assemblée* die allgemeine Mobilmachung, während die Forderungen nach der Absetzung des Königs immer lauter wurden. Da die Legislative sie nicht vollziehen wollte, schritt man zur Tat. Nach der Machtübernahme durch den *Cordelier* Santerre im Pariser Rathaus erstürmte unter dessen Leitung eine Menge von ca. 20 000 Menschen die Tuilerien, die nur von 600 Schweizergardisten verteidigt wurden. Als diese in die Menge schossen und es zahlreiche Tote und Verletzte gab, wurden sie auf bestialische Weise massakriert und verstümmelt, während der König sich mit seiner Familie unter den Schutz der Legislative begeben hatte.

Nachdem angesichts der brutalen Gewalt 60% der Deputierten, d.h. die gemäßigten, in großer Angst aus Paris geflüchtet waren, erklärte die weitgehend links stehende Restversammlung den König für abgesetzt, ließ ihn und seine Familie im Temple einkerkern, beschloß die Wahl einer *Convention nationale* nach allgemeinem, gleichem Wahlrecht und ernannte einen provisorischen Exekutionsrat, in dem die Girondisten die Mehrheit hatten. Damit war die liberale Verfassung von 1791 gescheitert und die Erste Republik geschaffen, in der bald die Jakobiner dominierten.

6. Republik der Jakobiner 1792/93

Bis zur Wahl der Konvention kämpften drei Organe um die Macht im Staat, nämlich der provisorische Exekutionsrat, die Restassemblée und die Pariser Kommune. Der Exekutivrat, der aus sechs Ministern bestand, wurde von Georges-Jacques Danton (1759–1794) beherrscht, einem Advokaten und Lebemann, der als käuflich und gewalttätig geschildert wird. Als Mitbegründer des Klubs der Cordeliers und der Kommune konnte er verhindern, daß es Konflikte mit diesen Gruppierungen gab. Er war damals „der Mann der Stunde", der mit hinreißenden Reden den republikanischen Widerstand gegen das monarchische Ausland und die Verteidigung des Vaterlandes propagierte. Zusammen mit Robespierre und Marat, die bald mit ihm das entscheidende Triumvirat bildeten, rief er zur Volksjustiz auf. Demgegenüber führte die unter dem starken Druck der Straße stehende Restversammlung ein Schattendasein. Von Bedeutung war jedoch die am 10. August entstandene, vor allem von Kleinbürgern gebildete Pariser Kommune, die von Robespierre geführt wurde und die antireligiösen Verfolgungen organisierte. Sie trug auch die Hauptverantwortung für die Massaker, die vom 2. bis 6. September 1792 mehr als 1300 Opfer kosteten, darunter 223 Priester, 150 Schweizer, vor allem aber gewöhnliche Häftlinge, die man im Rahmen der

Volksjustiz grausam und bestialisch in den Gefängnissen niedermetzelte.

Inzwischen waren Preußen und Österreicher schon weit nach Frankreich eingedrungen, so daß ihnen der Weg nach Paris offenzustehen schien. Da gelang es Dumouriez durch ein kühnes Manöver bei der berühmten Kanonade bei Valmy, die feindlichen Truppen zum Stehen zu bringen. Ohne militärische Notwendigkeit zog sich der Herzog von Braunschweig hierauf zurück. So wurde das an sich unbedeutende Scharmützel zum ersten militärischen Sieg der Revolution. Nun begann ein ideologischer Krieg, bei dem sich der missionarische Wunsch nach Verbreitung der Selbstbestimmung mit expansionistischen Zielen verband.

Inzwischen wurde der Nationalkonvent *(Convention)* gewählt. Mit der Abschaffung des Zensus wendete man hier zum ersten Mal und für lange Zeit auch zum letzten Mal ein äußerst modernes, allgemeines, indirektes Wahlrecht der Männer an. Allerdings nahmen aufgrund der Bedrohung durch den äußeren Feind und wegen der allgemeinen Terrorsituation im Inneren des Landes nur knapp 10% der Berechtigten an der Wahl teil, die nicht geheim, sondern öffentlich erfolgte.

Auf diese Weise kam eine Versammlung zustande, bei der es nur noch republikanische Abgeordnete gab, die, abgesehen von zwei Arbeitern, alle aus dem Bürgertum stammten. Von den 750 Deputierten war fast ein Drittel Juristen. Zu den ersten Maßnahmen des Nationalkonvents zählten die Legalisierung der Abschaffung der Monarchie und die Einführung des Revolutionskalenders. Man ließ das Jahr I der Republik mit dem 21. September 1792 beginnen und beschloß in bewußtem Gegensatz zur christlichen Siebentage- die Zehntagewoche mit Ersetzung aller christlichen Feiertage wie Weihnachten, Ostern usw. durch republikanische Festtage (Fest der Arbeit, Fest der Tugend, Fest der Revolution u. a.).

Nachdem von der Rechten niemand übriggeblieben war, spaltete sich die frühere Linke in zwei schon vorher existierende gegnerische Blöcke, die Girondisten und Montagnards. Dazwischen stand wieder eine Gruppe von Unentschiedenen, die oft die Rolle der Schiedsrichter spielten. Bis zum 2. Juni dominierten zunächst die Girondisten, die auch die Mitglieder der Regierung stellten und rechts saßen. Ihre etwa 160 Anhänger, meist aus dem gehobenen Provinzbürgertum kommend, antikirchlich eingestellt, bildeten keine politisch homogene Gruppe. Leute wie Brissot, Vergniaud, Condorcet, Buzot etc. zeichneten sich durch ihren Legalismus, wirtschaftlichen Liberalismus und ihre Feindschaft gegen die Pariser Kommune aus. Ihnen standen als linke Gruppierung die Montagnards gegenüber, die vor allem aus Paris stammten und zu denen Deputierte wie Danton, Robespierre, Saint-Just, Marat u. a. zählten. Da es dieser Parteiung gelang, mit der Zeit einen großen Teil der Mitte an sich zu ziehen, wurde sie immer bedeutender und konnte sich 1793 schließlich auf ca. 270 Abgeordnete stützen. Politisch homogener als die Gironde, beherrschte diese Bergpartei den Jakobinerklub und trat für eine immer radikalere Revolution ein. In dieser Situation wurde der Prozeß gegen den König im Nationalkonvent durchgeführt, der gleichzeitig als Ankläger und Richter fungierte. Bei der Abstimmung am 14. Januar 1793 erklärten 707 Deputierte bei 14 Enthaltungen Ludwig für schuldig. Ein Antrag von Brissot, die Todesstrafe zu vermeiden, wurde abgelehnt. So richtete man den König, der sehr gefaßt dem Tod ins Auge sah, am 21. Januar 1793 auf der Place de la Concorde öffentlich hin.

Da die Spannungen zwischen Girondisten und Montagnards zunahmen, organisierte die von Robespierre gelenkte Mehrheit der Pariser Sektionen einen „revolutionären Tag" gegen die Gironde. Am 2. Juni 1793 zogen etwa 80000 Menschen mit mehr als 150 Kanonen vor den Nationalkonvent und erzwangen die Verhaftung von 29 Girondisten und zwei Ministern. Durch diese Gewaltaktion, die zu einem Staatsstreich wurde, gelang es, die Girondisten auszuschalten. Ein großer Teil ihrer Führer wurde später hingerichtet. Damit bekamen die Jakobiner und mit ihnen die Bergpartei das Heft in die Hand. Nun wurde eine neue Verfassung erarbeitet mit sehr weitgehenden, zukunftsweisenden Bestimmungen wie allgemeines Wahlrecht für Männer, Volkssouveränität, Recht auf Arbeit, Prinzip des

Volksheeres etc. Obwohl diese Konstitution mit 1,8 Millionen Stimmen angenommen worden war, wurde ihre Inkraftsetzung angesichts des heftig tobenden Krieges vertagt.

7. Bürgerkrieg, Krieg und Schreckensherrschaft

Der Konvent organisierte nämlich durch Dekrete eine provisorische „revolutionäre Regierung" und legte die exekutive Gewalt in die Hand von zwei Regierungskomitees, den Wohlfahrtsausschuß und den Sicherheitsausschuß. In der Praxis erlangte der theoretisch dem Nationalkonvent untergeordnete Wohlfahrtsausschuß *(Comité de Salut Public)* zunehmend die Macht. Obwohl dessen Mitglieder jeden Monat neu zu wählen und im Prinzip gleichberechtigt waren, gewann dessen dominierendes Mitglied Robespierre mehr und mehr an Bedeutung und wurde schließlich de facto zum Diktator.

Der Advokat Maximilien Robespierre, ein asketisch lebender Junggeselle, erwarb sich als der „Unbestechliche", für den das Volk niemals Unrecht hatte, große Popularität. Er propagierte die Tugend, die ohne Schrecken machtlos sei. Neben Robespierre spielten Danton und Paul Marat (1743–1793), Arzt und Journalist, eine große Rolle, der in seiner Zeitung *Ami du Peuple* „hemmungslose Mordhetze" betrieb [Schulin, Revolution, 192]. Als weitere führende Revolutionäre dieser Zeit sind der junge Saint-Just, ein glühender Anhänger Robespierres und der Journalist René Hébert zu nennen, der, gestützt auf die Pariser Kommune, für das Zwangswirtschaftsprogramm kämpfte und die „ultrarevolutionäre" Entchristianisierungskampagne intensiv organisierte.

Durch die revolutionären Aktionen wie Verkündigung der Zivilkonstitution des Klerus und Verfolgung der eidverweigernden Priester, Hinrichtung Ludwigs XVI. und Staatsstreich gegen die Girondisten, ferner die Wirtschafts- und Ernährungskrise sowie die Benachteiligung der Provinz gegenüber Paris breitete sich der Bürgerkrieg in den unzufriedenen Provinzen immer mehr aus. Er wurde für die in der Hauptstadt herrschende republikanische Bergpartei zunehmend zu einem

Kampf auf Leben und Tod, denn gegen die von Paris usurpierte Zentralmacht und den Rumpfkonvent standen immerhin zwei Drittel der Departements im Bürgerkrieg.

Als „schlimmstes Krebsgeschwür" galt der provisorischen Revolutionsregierung dabei der Widerstand in der Vendée. Die dortige Bauernbevölkerung, die massiv die eidverweigernden Priester unterstützte und über die Bevorzugung der Pariser empört war, erhob sich gegen die Zentrale. Unterstützt von adeligen Offizieren und später erfüllt vom royalistischen Gedankengut, führte die Bevölkerung einen Partisanenkampf, der zum erfolgreichen Krieg wurde. Deshalb beschloß der Konvent am 1. August 1793 die Zerstörung der Vendée. Es ergingen Befehle, alle „Banditen", aber auch die „Frauen, Mädchen und Kinder" zu töten und „alles, was brennbar ist", anzuzünden. Diese Maßnahmen, die am 8. Februar 1794 der Wohlfahrtsausschuß ausdrücklich als Pflicht der Soldaten billigte, wurden seit Mitte Januar desselben Jahres durch sogenannte Höllenkolonnen systematisch durchgeführt. In den Augen der Jakobiner war die Bevölkerung der Vendée nämlich eine „Räuberrasse", die als nicht assimilierbar galt und deshalb vernichtet werden mußte. Die Zahl der Toten betrug zwischen 120 000 [Secher, 300] und 250 000 [Martin, 315], was ca. einem Drittel der dortigen Bevölkerung entsprechen würde.

Als die Jakobiner nach der Ermordung von Marat durch eine Girondistin am 14. Juli 1793 einen kultisch verehrten Märtyrer bekamen, ging Paris nur um so strenger gegen die girondistisch oder katholisch-royalistisch eingestellten Provinzen vor. Nicht nur in der Vendée, wo man die Verhafteten durch Massenertränkungen in der Loire hinrichtete, sondern auch in anderen gegnerischen Departements und Städten verfuhr man rigoros, so in Lyon, wo die republikanische Armee in der Stadt, die sich ergeben hatte, sechs Monate lang wütete und 1962 Todesurteile vollstreckte. Die Menschen wurden z. T. aneinandergefesselt von Kanonen niedergeschossen. Außerdem zerstörten die Truppen einen großen Teil der Stadt, deren Name im Städteverzeichnis getilgt wurde.

Durch all diese rigorosen, grausamen Maßnahmen konnte

die Regierung die Aufstände weitgehend unterdrücken, während die Republik gegen einen großen Teil Europas Krieg führte. Dabei buchten die Truppen der Republik, die eine levée *en masse,* einen Volkskrieg in großem Stil, organisierte und die ganze Nation bedingungslos in den Dienst stellte, große Erfolge. Das auf eine Million Mann gebrachte, streng ideologisch durch Konventsemissäre überwachte Heer mit seinen jungen Generälen besetzte das linksrheinische Deutschland und besiegte Holland.

Die Totalisierung des Krieges sowie die verschärfte innere Situation mit Hungersnot, Inflation und wirtschaftlichen Problemen führte in Paris zu einem starken Einfluß der Sansculotten, die oft Rigoristen waren, und zum Terror. Nun wanderten reihenweise die Menschen aufs Schafott. Waren es im November 1793 noch 500 Hinrichtungen, so wurden im Dezember bereits 3 300 Menschen guillotiniert. Über die Zahl der insgesamt Hingerichteten gehen die Schätzungen der Historiker auseinander. Es dürften aber 35 000 bis 40 000 gewesen sein, die zum großen Teil aus dem Dritten Stand stammten, darunter besonders viele aus der Arbeiterschaft. Außerdem wurden bis zu 500 000 Menschen (ca. 2,5% der Bevölkerung) eingekerkert. Oft waren die Hinrichtungen sozial-wirtschaftlich bedingt (z. B. wegen Warenhortung). In der letzten Phase der Terrorherrschaft erhielt diese jedoch einen eindeutig ideologischen Charakter.

Die regierende Bergpartei war inzwischen in drei Flügel gespalten, und zwar in einen rechten mit Danton, Desmoulins und den Nachsichtigen *(indulgents),* dem mittleren mit dem starken Mann Robespierre an der Spitze, und dem linken mit dem Journalisten Hébert, der eine Verschärfung des Terrors forderte.

Als im Frühjahr 1794 die Cordeliers und Hébertisten einen Aufstand gegen Regierung und Bergpartei versuchten, wurden sie verhaftet und guillotiniert. Bald darauf köpfte man auch Danton und seine Anhänger, so daß Robespierre die diktatorische Gewalt fest in Händen hielt. Er erklärte, Tugend und Terror seien die Triebfedern seiner Regierung. Es kam zur Zeit der

Grande Terreur, in der die Hinrichtungen weiter zunahmen. Unter dem Vorwurf, ein Verdächtiger *(suspect)* zu sein, konnte praktisch jeder verhaftet und guillotiniert werden. In der Terrorzeit verschärfte sich auch die blutige Kirchenverfolgung, die sich vor allem gegen die katholische Mehrheitskirche richtete, aber auch die Minderheiten (Juden, Protestanten) nicht verschonte. Nachdem bis 1792 nur die eidverweigernden Priester verfolgt worden waren, traf es bald auch viele konstitutionelle, die man als Anhänger der Girondisten betrachtete. Im Dezember 1793 widerrief dann der Nationalkonvent feierlich die früher erklärte Religionsfreiheit und verbot das Christentum. Im ganzen wurden mehrere tausend katholische Priester hingerichtet. Viele konstitutionelle Priester wandten sich allerdings damals vom Christentum ab und der republikanischen Religion zu, so der Bischof Gobel von Paris, der unter entsprechendem Druck vor dem Nationalkonvent öffentlich seinem Glauben abschwor [Furet/Richet, Revolution, 311]. Christliche Gottesdienste wurden verboten, Kirchen und Klöster zerstört. Man schuf eine neue republikanische Vernunftreligion mit eigenem Kult. So wurde die vormalige Pariser Kathedrale Notre Dame am 10. November 1793 in Anwesenheit aller Nationalkonventsmitglieder zum Tempel der Vernunft umgewidmet, wobei eine Schauspielerin die Göttin der Vernunft mimte.

Da der Terror Robespierres überall Schrecken und Grauen verbreitete und sich jeder fragen mußte, ob er der nächste sei, der unter dem Fallbeil sterbe, kam es zur Verschwörung und zum Sturz Robespierres und seiner Anhänger. Der Konvent stellte sie nämlich unter Anklage und ließ den Diktator am 10. Thermidor (28. 7. 1794) ohne Verhandlung und ohne Urteil guillotinieren. Zwei Tage später folgten weitere 105 Anhänger auf das Schafott. Es kam zu einer Reaktion des Besitzbürgertums.

8. Direktorium (1794/95–1799)

Man organisierte Freudenfeiern und öffnete die Massengefängnisse. Die Macht hatten nun die Thermidorianer, d. h. die verbliebenen Abgeordneten des Nationalkonvents, zu denen die Girondistendeputierten stießen, welche die Terrorherrschaft überlebt hatten.

Angesichts der politischen und sozialen Probleme ergriff der jetzt wieder entscheidende Nationalkonvent zahlreiche Maßnahmen: Auflösung der Pariser Kommune, Machtentzug für den Wohlfahrtsausschuß, Schließung der Jakobinerklubs, Hinrichtung von Terreuranhängern, Massendeportationen, Verkündigung der religiösen Freiheit sowie Trennung von Kirche und Staat.

Besonders drückend gestalteten sich die wirtschaftlichen Probleme, vor allem die Inflation. Trotzdem wurden damals im Interesse des Besitzbürgertums die bisherigen dirigistischen Zwangsmaßnahmen abgeschafft und die Wirtschaft liberalisiert. Es kam zu Preissteigerungen, zur Ablehnung der wertlos gewordenen Assignaten als Zahlungsmittel, zu Lebensmittelmangel und Hungersnöten mit vielen Toten während des eiskalten Winters von 1794/95. Andererseits stellten Revolutionsgewinnler, Truppenlieferanten und Finanziers offen ihr Luxusleben zur Schau.

Angesichts dieser bürgerlich-konservierenden Grundhaltung des herrschenden Nationalkonvents paßte die Konstitution von 1793 nicht mehr in die politische Landschaft, und es wurde eine entsprechende neue Verfassung im Jahre III (1795) geschaffen, deren Bestimmungen wesentlich weniger weit gingen als die der Konstitutionen von 1791 und 1793. Gewählt durch die steuerzahlenden Bürger, bestimmten die durch einen sehr hohen Zensus ausgesonderten Wahlmänner die Abgeordneten der zwei Kammern. Diese standen einem Direktorium aus fünf Personen gegenüber, das die Exekutive verkörperte.

Die Zeit war weitgehend geprägt von inneren, wirtschaftlichen, finanziellen und politischen Problemen, die sich in mehreren Staatsstreichen entluden. Bei katastrophaler Konjunktur, leerer Staatskasse und völliger Entwertung der Assignaten wurden diese im Februar 1796 durch ein neues Papiergeld ersetzt, das rasch, ebenfalls wertlos geworden, im Februar 1797 aufgegeben wurde.

Dem im Inneren so unbeliebten Regime gelang es jedoch, sich durch seine europaweiten militärischen Erfolge relativ lange zu halten. Durch systematische Ausbeutung der eroberten Territorien konnte es nämlich die finanziellen Schwierigkeiten lindern. Immerhin hatten die französischen Truppen 1795 weit über die ursprünglich ins Auge gefaßten natürlichen Grenzen hinaus vorstoßen können. Nach dem Sonderfrieden mit Preußen (5. April 1795) verließen auch Spanien und andere Staaten die Koalition, so daß nur noch Österreich und England als Kriegsgegner blieben. In Italien erzielte General Bonaparte große Erfolge, die er für eine weitgehend eigenmächtige Politik ausnutzte. Er stellte mit dem Papst einen Ausgleich her, bildete die Cisalpinische Republik und schloß mit dem Kaiser am 17. Oktober 1797 den Frieden von Campo Formio. Sein Feldzug in Ägypten scheiterte allerdings. Als sich nach der Bildung der zweiten Koalition gegen Frankreich weitere militärische Mißerfolge abzeichneten, die zur latenten innenpolitischen Krise kamen, war die Zeit reif für den Staatsstreich des 19. Brumaire.

IV. Das Empire Napoleons (1799–1814/15)

1. Staatsstreich und Konsulat

Der im Juni 1799 zum Direktor gewählte Politiker und Revolutionstheoretiker Abbé Sieyès wollte die bisherige Verfassung mit Gewalt abschaffen und plante deshalb einen Staatsstreich mit Bonaparte als Werkzeug. Aber er hatte diesen falsch eingeschätzt, denn Napoleon riß sogleich die Initiative an sich und nutzte die Gunst der Stunde in seinem Sinne. Dabei kam ihm zugute, daß damals sein Bruder Lucien Bonaparte als Präsident des „Rates der Fünfhundert" amtierte.

Als ersten Schritt des Staatsstreichs veranlaßte Napoleon den „Rat der Alten", den Tagungsort der beiden Kammern von Paris nach Saint-Cloud zu verlegen, wo er diese leichter unter seine Gewalt bringen konnte. Außerdem bewirkte Napoleon Bonaparte, daß ihm das Direktorium das Kommando über die Armee in Paris übertrug. Als nächsten Schritt dieses Umsturzes sahen der General und seine Mitstreiter vor, die Abgeordneten zu veranlassen, für die Aufhebung der Verfassung zu stimmen. Hier gab es allerdings Schwierigkeiten, die Lucien Bonaparte nur durch eine gewaltsame Räumung des Sitzungssaales meistern konnte.

Die Putschisten schufen noch am Abend des 10. November 1799 eine neue Ordnung in ihrem Sinne. Man bildete eine Exekutivkonsularkommission, die aus den zwei ehemaligen Direktoren Sieyès und Ducos sowie aus dem General Bonaparte bestand. Diese Exekutive wurde von Napoleon Bonaparte beherrscht. Nach der Bildung dieses provisorischen Konsulats ging man daran, eine neue Verfassung zu erarbeiten. Napoleon setzte hier für sich die Position eines Ersten Konsuls durch, dem in der Praxis die Macht zufallen sollte.

Die am 13. Dezember 1799 fertiggestellte Verfassung wurde auf seine Forderung hin dem Volk zur Ratifikation vorgelegt, das die Konstitution mit drei Millionen gegen 1562 Stimmen bei sehr vielen Enthaltungen annahm. Die neue Verfassung machte Bonaparte jetzt zum Ersten Konsul und damit zum alleinigen Machthaber Frankreichs, dem eine recht schwache Legislative aus drei Kammern (*Tribunat, Corps législatif* und *Sénat*) gegenüberstand.

Praktisch mit diktatorischer Gewalt ausgestattet und gewillt, seine Herrschaft auszubauen, gelang es Bonaparte, im Inneren Frankreichs nach einer Zeit weitgehender Anarchie die Ruhe wiederherzustellen und das Gegeneinander der Revolutionszeit durch ein ausgezeichnet organisiertes, stark zentralistisches Ordnungssystem zu ersetzen. Damit vollendete er die Entwicklung der administrativen Zentralisierung Frankreichs, die für diesen Staat auch in der Folgezeit charakteristisch war. Von ganz besonderer Bedeutung für den Ausgleich und den Frieden im Innern erwies sich auch die Beendigung des blutigen und heftigen Kampfes gegen die katholische Kirche durch das Konkordat von 1801. Dadurch sicherte er sich einerseits die Möglichkeit, über die Kirche auf die große Mehrheit der Franzosen Einfluß auszuüben und dies in noch höherem Maße, als dies die Monarchen des Ancien régime hatten tun können. Andererseits wurden Kirche und Priester nicht mehr verfolgt und der Klerus durch den Staat besoldet. Gleichzeitig beendete Napoleon den Krieg mit den auswärtigen Mächten Österreich, Heiliges Römisches Reich und England durch die Friedensschlüsse von Lunéville (1801) und Amiens (1802).

Die großen Erfolge in der Innen- und Außenpolitik erhöhten die Popularität des auf zehn Jahre gewählten Ersten Konsuls. Dieser sah deshalb jetzt die günstige Stunde gekommen, seine schon bedeutenden Vorrechte und Kompetenzen durch eine Änderung der Konstitution noch zu erweitern. Deshalb ließ er sich 1802 durch Plebiszit zum Konsul auf Lebenszeit wählen. Es war dann nur eine Frage der Zeit, die Entwicklung zur Schaffung einer Erbmonarchie voranzutreiben. Als Anlaß diente eine von Royalisten angezettelte Verschwörung. In dieser Situation fiel dem Polizeiminister Joseph Fouché die Aufgabe zu, die Kaiserwürde für den Ersten Konsul zur Sicherung der napoleonischen Macht und Regierungsform zu fordern.

2. Kaisertum

Durch den *Sénatus-consulte* vom 18. Mai 1804, bestätigt durch ein Plebiszit, wurde Napoleon erblicher Kaiser der Franzosen mit monarchischem Recht, Hofstaat und Zivilliste.

Die Exekutive, repräsentiert durch den Kaiser, gestaltete sich zur praktisch allmächtigen Gewalt, so daß jetzt eine Entwicklung abgeschlossen war, die in Frankreich ein diktatorisches Militärregime schuf, das in der Praxis absoluter war als das monarchische Regime des Sonnenkönigs Ludwig XIV.

Der überaus mächtigen Exekutive stand nur ein Schatten von Legislative gegenüber. Auch die Judikative war keine eigenständige Gewalt mehr. Da das Gottesgnadentum des politischen Aufsteigers aus kleinem korsischen Adel jedoch recht fragwürdig blieb, bestand Napoleon auf seiner Salbung und Krönung, obwohl dies in der Verfassung nicht vorgesehen war.

Wie dies einst vom Papst bei Karl dem Großen vorgenommen worden war, so ließ sich auch der neue Kaiser der Franzosen vom Oberhaupt der katholischen Kirche salben. Aber im Gegensatz zu Karl begab er sich dafür nicht nach Rom, sondern zitierte Pius VII. (1800–1823) nach Paris. Die Kaiserkrone setzte sich der selbstbewußte Herrscher jedoch in dessen Anwesenheit selbst auf. Dieser den universalen Anspruch des Aufsteigers dokumentierende, mit aller Pracht vollzogene Vorgang ist in einem berühmten Gemälde von Jacques-Louis David verewigt worden. Neben dem Vorbild Karls des Großen griff, wie dieses Bild zeigt, Napoleon auch auf das der antiken Cäsaren zurück.

3. Feldzüge und Außenpolitik

Napoleon I. hat vom 20. Mai 1803 bis zum Ende seines Kaisertums 1814 bzw. 1815 beständig Krieg geführt. So war seine Außenpolitik eng mit seinen Feldzügen verbunden. Während der Kaiser bei der Bewaffnung und Kriegstechnik wenig Neues einführte, lag seine Stärke vor allem in der Organisation seiner Armee und in der genialen taktischen Führung bei der Schlacht.

Dieser geniale Feldherr, Militärdiktator und Monarch hat wie wenige Männer in der Geschichte Europa und dessen Landkarte verändert. Napoleons wichtigste Ziele waren die Erhaltung der sich weit über die Grenzen des alten Frankreich erstreckenden Republik mit ihren neuen, z. B. linksrheinisch-deutschen Departements, ferner der Sieg über den wichtigen Gegner England und schließlich die Aufrichtung eines von Frankreich beherrschten Kontinentalsystems. Dieses versuchte er durch die Erhebung von Familienmitgliedern auf verschiedene europäische Throne und durch unter seiner Protektion stehende Satellitenstaaten abzusichern. Das rief Widerstände hervor und führte zu einem antinapoleonischen Bündnis und zum Dritten Koalitionskrieg (1805–1806). Rußland verbündete sich nämlich am 11. August 1805 mit Großbritannien, bald schlossen sich Österreich, Schweden und das Königreich Neapel an. Die „Große Armee" zog hierauf in den süddeutschen Raum und gewann dort Position für Position und Schlacht nach Schlacht. Während sich Baden, Württemberg und Bayern dem Kaiser der Franzosen anschlossen, zog dieser nach Österreich, eroberte Wien, schlug am 2. Dezember 1805 in der Dreikaiserschlacht bei Austerlitz, einem besonders glänzenden taktischen Sieg, den Zar und Kaiser Franz und diktierte Österreich den verlustreichen Frieden von Preßburg (26. Dezember 1805). Napoleon konnte nun einen großen Teil des Kontinents nach seinen Interessen umgestalten und weite Teile Deutschlands und Europas dominieren.

Aus Unzufriedenheit mit der beherrschenden Stellung des Franzosen kam es allerdings dann zum Vierten Koalitionskrieg (1806/07), bei dem das preußische Hauptheer in der Doppelschlacht von Jena und Auerstedt (1806) vernichtend geschlagen wurde. Während Napoleon wenig später Berlin besetzte, flüchtete der preußische König. Nach der unentschiedenen Schlacht bei Preußisch-Eylau (1807) gegen Russen und Preußen schloß der Franzose mit Zar Alexander I. den Frieden von Tilsit (1807). Stand Napoleon damals auf dem Höhepunkt seiner Macht, so bereitete ihm ab 1808 der Volksaufstand, der gegen seinen auf der Iberischen Halbinsel als König eingesetzten Bruder Joseph tobte, zunehmend Schwierigkeiten. Als dann Österreich im Fünften Koaltionskrieg den Kampf wiederaufnahm, zog der Franzose allerdings nach mehreren erfolgreichen Schlachten am 13. Mai 1809 in Wien ein, siegte bei Wagram und schloß mit Kaiser Franz I. den für diesen recht verlustreichen Frieden von Schönbrunn (14. 10. 1809).

Im Hochgefühl seines Triumphes vereinnahmte er den Kirchenstaat und ließ den Papst einsperren, was die Katholiken gegen ihn aufbrachte. Während die von ihm durchgesetzte Kontinentalsperre gegen England letzlich nur sehr bedingte Erfolge brachte, nahmen die Spannungen mit dem Zaren zu. Als Napoleon mit einem riesigen Heer von 600000 Mann am 24. Juni 1812 in Rußland eindrang, scheiterte er nach Anfangserfolgen an der ungeheuren Weite des Landes, dem Widerstand der Partisanen und der ungewohnten Kälte des hereinbrechenden Winters. So wurde für ihn dieser Feldzug zur Katastrophe. Nach der Völkerschlacht bei Leipzig (16.–19. 10. 1813), wo er vernichtend geschlagen wurde, war sein Ende besiegelt. Als die Verbündeten (Rußland, Preußen, Österreich u. a.) Ende März 1814 sogar Paris eingenommen hatten, mußte Napoleon am 11. April abdanken und auf die Insel Elba in Verbannung gehen. Im März 1815 kehrte er allerdings nochmals nach Paris zurück, wurde jedoch am 18. Juni 1815 bei Waterloo vernichtend geschlagen und endgültig auf die Insel St. Helena verbannt. Damit war seine Herrschaft in Frankreich definitiv beendet, die auch im Inneren Frankreichs wichtige Akzente gesetzt und manche bleibende Strukturen geschaffen hatte.

4. Innen-, Wirtschafts- und Rechtspolitik

Während Napoleon sich durch seine Feldzüge und seine Außenpolitik zum Herrn des Kontinents aufschwang, baute er auch im Inneren seine umfangreiche Macht aus, die größer als die der „absoluten" Monarchen war. Gesichert wurde das Regime durch eine „allmächtige" Polizei, ein ausgefeiltes Spionage- und Überwachungssystem, intensive Staatspropaganda, Unterdrückung jeglicher Opposition und Meinungsfreiheit sowie durch Pressezensur. Außerdem baute er das Unterrichtswesen systematisch zum Herrschaftsinstrument aus und stellte die vom Staat finanziell abhängige Kirche in den Dienst der Diktatur. Napoleon organisierte die lokale Verwaltung Frankreichs neu, ferner die Finanzadministration, und er schuf wichtige, bleibende Rechtskodifikationen wie den *Code civil* von 1804. All dies geschah von Paris aus, so daß unter dem Kaiser die Entwicklung der strikten Zentralisierung Frankreichs vollendet wurde.

Im sozialen Bereich brach der Kaiser mit einer wichtigen Errungenschaft der Revolution, nämlich der Gleichheit, denn er richtete bewußt wieder eine gesellschaftliche Hierarchie auf, förderte eine Notablenschicht und schuf einen neuen Verdienstadel, der wesentlich weniger zahlreich als der Adel im Ancien régime war und zu 59% aus hohen Militärs bestand. Nach der Absetzung Napoleons bestieg der aus dem Exil zurückgekehrte Bourbone Ludwig XVIII. den Thron.

V. Von der Restaurationsmonarchie bis zum Ende des Zweiten Kaiserreiches (1814–1870)

1. Frankreich unter Ludwig XVIII. (1814–1824)

Ludwig XVIII., der Bruder des hingerichteten Ludwig XVI., kam 1814 unter dem Einfluß seiner Erfahrungen im englischen Exil mit relativ modernen und liberalen Auffassungen nach Frankreich. Gerade unter seiner Regierung konnte nämlich das parlamentarische System in Frankreich entstehen und sich allmählich entfalten. Als Grundlage diente dafür die relativ liberale, auch für andere europäische Staaten vorbildhafte, von Ludwig XVIII. oktroyierte Verfassung. Die lange Präambel dieser *Charte* von 1814 war von der Tradition und dem Geist des Ancien régime geprägt, während die eigentlichen Artikel der Verfassung ganz in der Linie der vorhergehenden französischen Konstitutionen standen und die besten Errungenschaften der Revolution, darunter die 1789 verkündeten Menschen- und Bürgerrechte, garantierten. Dem König, dem die Exekutive vorbehalten blieb, standen als Legislative zwei Gremien gegenüber, die Pairs- und die Deputiertenkammer. Letztere wurde durch ein indirektes ausgeprägtes Zensuswahlsystem bestimmt. Immerhin besaßen die Kammern viel größere Befugnisse als unter Napoleon. Da die Minister, die vom König ernannt wurden, aus den Reihen der Abgeordneten genommen und den Kammern strafrechtlich und somit auch politisch verantwortlich werden konnten, entwickelte sich eine „Tendenz zum parlamentarischen Regime" [Duverger, Constitutions, 61].

Der neue König und seine Regierung hatten anfangs mit großen Schwierigkeiten zu kämpfen, da der Friede von vielen als Schmach empfunden wurde, durch Wegfall der Kontinentalsperre die Wirtschaft Konkurrenzprobleme erhielt und da die nötigen Massenentlassungen der Soldaten bei diesen große Unzufriedenheit schürten. So konnte Napoleon nach seiner Rückkehr aus Elba von diesem Mißmut profitieren. Nach seiner erneuten Niederlage richtete sich aber dann der Zorn gegen die Bonapartisten und die übergelaufenen Beamten und Offiziere.

Zunächst spielte Elie Decazes in der Regierung eine wichtige Rolle. Er konnte vor allem nach 1818 eine gemäßigte Politik durchsetzen. Nach der Ermordung des Hoffnungsträgers der Monarchie, des Herzogs von Berry, durch einen Fanatiker ging allerdings seine liberale Politik zu Ende, und bei den Wahlen von 1820 erhielten dann die royalistischen „Ultras" die Mehrheit. Deren Wortführer Joseph Graf Villèle wurde bis 1828 leitender Minister

Ihm gelang die Lösung der schwierigen Aufgabe, den Staatshaushalt auszugleichen und die Staatsrente zu stabilisieren. Als außenpolitischer Erfolg wurde von vielen die militärische Intervention Frankreichs zugunsten des von Aufständischen gefangengenommenen spanischen Königs Ferdinand VII. 1823 gewertet. Dementsprechend erlitt die Opposition bei den Wahlen Ende 1824 eine vernichtende Niederlage. So hatte sich die Position Villèles, aber auch ganz allgemein die Situation der Bourbonenmonarchie gefestigt, als Ludwig XVIII. im September 1824 starb.

2. Reaktion unter Karl X. und Revolution von 1830

Ludwigs jüngerer Bruder und Nachfolger, Karl X. (1824–1830), war weit weniger liberal und parlamentarisch eingestellt als sein Vorgänger und betrieb sofort eine Politik der streng monarchischen Reaktion. Zunächst kam es allerdings noch nicht zur harten Konfrontation mit dem Abgeordnetenhaus, da ja bei den Wahlen 1824 die royalistischen „Ultras" die Mehrheit errangen. Die Kammer mit dieser Majorität beschloß bald ein Bündel von Maßnahmen, die das Rad der französischen Geschichte wieder zurückdrehen sollten: Entschädigung der Emigranten, Bestrafung des Sakrilegs, Einschränkung der Pressefreiheit usw. All dies verstieß gegen den Geist und teilweise sogar die Buchstaben der Charte. Deshalb ist es nicht verwunderlich, daß die Liberalen diese Politik der Reaktion mit großer Heftigkeit kritisierten und attackierten.

Als nach der Auflösung der Kammer (5. 11. 1827) bei den Wahlen die Liberalen die Mehrheit erhielten, konnte sich der freiheitliche Abgeordnete Graf Martignac nur kurzfristig als Premierminister halten. Hierauf ernannte Karl X. unter Mißachtung des bisherigen Usus, aber verfassungsmäßig, keinen Mehrheitspolitiker, sondern den „Ultra" Fürst von Polignac zum Regierungschef. Ihm stand nun eine gegnerische Deputiertenkammer gegenüber. Diese Konstellation führte zu schweren Konflikten. Um ihre Macht abzusichern, verfügte die Regierung dann fünf Erlasse (Aufhebung der Pressefreiheit, Auflösung der Deputiertenkammer u.a.), welche dem Geist der Charte widersprachen. Daraufhin brach in Paris die Revolte aus. Aufruhr mit Errichtung von Barrikaden breitete sich aus, und es tauchten republikanische Trikolorefahnen auf. Angesichts der schlechten Wirtschaftslage, der zahlreichen Arbeitslosen, der Mißernten und der damit verbundenen Preissteigerungen wuchs die allgemeine Unzufriedenheit und weitete sich zum Volksaufstand und zur Revolution aus. Schon am 28. Juli 1830 war die das zentralistische Frankreich bestimmende und alle anderen Orte überragende Hauptstadt Paris in der Hand der Revolutionäre, so daß die Herrschaft der bourbonischen Hauptlinie nicht mehr zu retten war.

3. Julimonarchie und Revolution von 1848

Obwohl die Revolution von den unteren und mittleren Schichten der von Not und Entbehrung geplagten Hauptstadt durchgeführt wurde, kam letztlich eine kleine großbürgerliche Gruppe von Bankiers und liberalen Adeligen an die Macht, die anstatt der von vielen geforderten Republik die Julimonarchie Herzog Ludwig Philipps von Orléans (1773–1850) durchsetzten. Da sie La Fayette gewonnen hatten, zog dieser die Volksmassen mit. Ohne Zweifel kam dem neuen König, dem ehemaligen Mitglied des Jakobinerklubs, die mit der Revolution verbundene Vergangenheit seines Vaters Philippe Egalité zugute. Ihm standen allerdings als Oppositionskräfte die Legitimisten (Anhänger der bourbonischen Hauptlinie), die Bonapartisten und die Republikaner gegenüber. Die eigentlichen Anhänger der Julimonarchie spalteten sich in zwei Parteiungen, nämlich die „Bewegung" *(mouvement)* und den „Widerstand" *(résistance)*. Zur ersten gehörten Intellektuelle und Bürger, die mehr Demokratie anstrebten, zur zweiten jene, die gegen eine weitere Liberalisierung und Demokratisierung waren, wie der Bankier und bis 1832 leitende Minister Casimir Périer und der Historiker François Guizot, der 1840 Außenminister und 1847 „Premierminister" wurde. Zwischen den beiden Gruppierungen stand der Historiker und Journalist Adolphe Thiers (1797–1877), der ebenfalls zeitweise als leitender Minister fungierte.

Außenpolitisch hielt sich die Regierung zurück. Während man 1832 den Belgiern gegen die Holländer half, vermied es der König, beim inneren Konflikt Spaniens zu intervenieren. Thiers, der ab 1840 die Politik leitete, schaltete sich zwar in die Orientkrise (Streit zwischen dem Sultan und dem ägyptischen Statthalter) ein, stieß dabei jedoch auf den Widerstand der großen europäischen Mächte. Im Inneren des stark vom gehobenen Bürgertum und seinen Interessen bestimmten Königreiches, bei dem durch den Zensus noch 1847 nur knapp 250000 von 35 Millionen Einwohnern wahlberechtigt waren, fühlten sich diese von den Politikern kaum vertreten. Solange die Hochkonjunktur anhielt, wurde die Unzufriedenheit weiter Kreise der Bevölkerung noch weitgehend verdeckt. Aber die Popularität der Monarchie, dessen volkstümlicher Kronprinz 1842 bei einem Unglück starb, war im Sinken begriffen.

Schwierig wurde die Situation 1847, als die französische Wirtschaft in eine ernste Krise geriet. Dazu kamen Bestechungsskandale und die wachsende Unzufriedenheit über die mangelnde Reformbereitschaft des Bürgerkönigs. So entstand angesichts des im Winter 1847/48 sich plötzlich ausbreitenden

Elends und der allgemeinen Unzufriedenheit eine hochexplosive Lage, in der ein kleiner Konflikt eine allgemeine Revolution verursachen konnte. Der Streitpunkt, der im Februar 1848 wirklich den Umsturz herbeiführte, war die Wahlrechtsfrage. Die Tatsache, daß die große Masse der Franzosen von der politischen Mitbestimmung ausgeschlossen war, erschien nämlich immer unerträglicher. So kam es zu einer gewaltigen, allgemeinen Demonstration in der unruhigen, immer zu Aufständen bereiten Hauptstadt Paris. Überall wurden Barrikaden aufgerichtet, gegen welche die nicht mehr zuverlässigen Nationalgardisten nur unzureichend einschritten. Als Louis Philippe am 23. Februar Guizot entließ, griffen Demonstranten diese Symbolfigur des Regimes tätlich an, es kam zu Schießereien mit Toten und Verletzten und zur Aufrichtung neuer Barrikaden. Der König mußte zurücktreten, während die Opposition eine provisorische Regierung bildete.

Diese rief noch am Abend des 24. Februar 1848 die Republik, die Zweite der französischen Geschichte, aus. Die Revolution hatte sehr rasch und ohne größeres Blutvergießen gesiegt, keine Hand erhob sich zugunsten des Monarchen. Sogar die katholische Kirche, die während der Julimonarchie unter der antiklerikalen Einstellung des herrschenden reichen Bürgertums gelitten hatte, stand dieses Mal auf der Seite der Revolution. Gleichzeitig wurde die allgemeine Zustimmung und Begeisterung für das nun angebrochene neue republikanische Zeitalter dadurch gesteigert, daß in der Regierung neben den Sozialisten Republikaner aller Richtungen vertreten waren und daß man ein weitreichendes Programm für Arbeitsbeschaffung und Sozialhilfe, Arbeitszeitverkürzung u. a. proklamierte.

4. Krisengeschüttelte Zweite Republik

Man wollte jetzt die republikanische Tradition der Großen Revolution von 1789 wiederaufnehmen und bildete eine Vertretung der Arbeiterschaft unter der Leitung von Louis Blanc, welche die Regierung bei ihren Sozialmaßnahmen beraten sollte. Auf dessen Vorschlag hin errichtete man dann in Paris Nationalwerkstätten, um etwa 100000 Arbeitslosen eine Beschäftigung zu bieten. Trotzdem stieg die Arbeitslosigkeit an, die Wirtschaft stagnierte und das Kapitalbürgertum hielt sich mit Investitionen zurück. Wegen drastisch sinkender Staatseinnahmen mußte die Regierung zahlreiche neue Banknoten drucken und Steuererhöhungen vornehmen. Dies führte wiederum zur Verunsicherung der Wirtschaft und zu Problemen und Konflikten mit der unzufriedenen Arbeiterschaft.

Bei der Wahl der Verfassungsgebenden Versammlung am 23. April 1848 nach allgemeinem Wahlrecht in direkter Form und ohne jede Einschränkung waren nun im Unterschied zu früheren Zensussystemen 9,4 Millionen Männer wahlberechtigt. Zum ersten Mal in der Geschichte Frankreichs beteiligte sich auch ein sehr großer Teil dieser Männer an der Wahl, und zwar mit 7,8 Millionen immerhin ca. 85%. Die Mehrheit der Mandate (ca. 500) ging an die gemäßigten Republikaner, während die Demokraten und Sozialisten nur 90 von insgesamt 880 Sitzen errangen und die Monarchisten 290. Nachdem die *Constituante* zusammengetreten war, löste sich die provisorische Regierung auf. Allerdings übertrug die Versammlung die Exekutivgewalt einer Kommission, die sich sogleich mit weiteren sozialen Unruhen konfrontiert sah, denn die Arbeiter, enttäuscht über den Wahlausgang und die neue Regierungskommission, demonstrierten am 15. Mai erneut und drangen sogar ins Parlamentsgebäude ein.

Als die Kommission, beunruhigt durch die in den Nationalwerkstätten konzentrierten Arbeitermassen, am 21. Juni beschloß, diese *ateliers* abzuschaffen, brach ein erbitterter Aufstand der Arbeiter in Paris aus. Da die Situation immer gefährlicher wurde, übertrug die Mehrheit der Versammlung dem Kriegsminister Louis Eugène de Cavaignac (1802–1857) zeitlich beschränkte außerordentliche Vollmachten. Dieser zog ein Truppenkontingent von ca. 45000 Mann nach Paris und unterdrückte in blutigen Straßenschlachten, die vom 23. bis 26. Juni dauerten, den Aufstand, der 3000 Tote und 5000 Verletzte forderte. Diese Erhebung wurde „zum blutigsten Revolutionsereignis des Jahrhunderts" [Erbe, Geschichte, 136].

Während Cavaignac bis zur Wahl des ersten Präsidenten der Zweiten Republik seine diktatorischen Funktionen weiterhin ausübte, war ein tiefer Graben zwischen Arbeiterschaft und Bürgertum aufgerissen worden, der die weitere politische Entwicklung in Frankreich stark beeinflussen sollte.

Unter dem Eindruck dieser Spannungen erarbeitete die *Constituante* die neue Verfassung vom 21. November 1848. Als Legislative standen demnach 750 durch direkte, geheime Wahl von allen mindestens 21 Jahre alten Franzosen bestimmte Abgeordnete einem ebenfalls direkt gewählten Präsidenten gegenüber. Dieses Präsidialsystem war konfliktträchtig, da bei einem unüberbrückbaren Gegensatz der Präsident die *Assemblée* nicht auflösen und diese das Haupt der Exekutive nicht absetzen konnte. So mußte eine ernsthafte Auseinandersetzung der beiden Gewalten zwangsläufig zum Staatsstreich führen. Dies galt um so mehr, als das Volk am 10. Dezember 1848 Louis-Napoleon Bonaparte mit 5,5 Millionen Stimmen gegen vier andere Kandidaten, die zusammen nur 1,9 Millionen Voten erhielten, zum ersten Präsidenten der Zweiten Republik wählte. Bonaparte war nämlich erfüllt von der Idee, die Politik seines berühmten Onkels nachzuahmen und das Empire zu seinen Gunsten wieder herzustellen. Die Machtprobe ließ nicht allzulange auf sich warten, weil in den folgenden Jahren praktisch ein Dauerkonflikt zwischen dem starken Präsidenten und der Nationalversammlung schwelte.

5. Aufstieg und Staatsstreich Bonapartes

Da die Verfassung der Republik nur eine vierjährige Amtszeit des Präsidenten zuließ, die für Bonaparte im Mai 1852 ablaufen sollte, galt es für diesen, schnell und rechtzeitig vor diesem Termin zu handeln, wenn er an der Macht bleiben wollte. Zunächst unternahm er den Versuch, mit legalen Mitteln eine reguläre Verfassungsänderung zu erreichen und schuf zu diesem Zweck ein Komitee. Dieses sammelte immerhin mehr als 1,3 Millionen Unterschriften von Bürgern, die sich für eine Verfassungsänderung und besonders für eine Revision des Artikels 45 aussprachen, der die Amtszeit des Präsidenten begrenzte. Diese Frage wurde auch in der *Assemblée* ausführlich und kontrovers diskutiert. Immerhin stimmten schließlich ca. zwei Drittel der Abgeordneten für eine Verfassungsänderung. Aber diese sehr große Mehrheit reichte nicht aus, da laut Konstitution für eine derartige Revision 75% der Stimmen nötig gewesen wären. Angesichts der Aussichtslosigkeit, eine so hohe Majorität der Deputierten für sein Projekt zu gewinnen, das er unbedingt durchsetzen wollte, griff Bonaparte nach dem Vorbild seines Onkels zum Mittel des Staatsstreichs.

Der Präsident führte alles in der Nacht vom 1. auf den 2. Dezember 1851 nach einem genau ausgeklügelten Plan durch, ohne daß es größere Probleme oder Blutvergießen gegeben hätte, und ließ sich seinen Staatsstreich, ähnlich wie einst Napoleon I. und typisch für den Bonapartismus, durch eine Volksabstimmung legitimieren. Der von einer gewaltigen Mehrheit des Volkes gebilligte und bestätigte Gewaltakt von 1851 bedeutete einen Sieg der Exekutive über die unpopuläre Legislative. Das parlamentarische Regime und die Struktur der republikanischen Verfassung hatten sich als mangelhaft erwiesen und ermöglichten so dem populären, charismatischen Präsidenten, sein autoritäres Regime aufzurichten und eine nach seinen Wünschen und Prinzipien gestaltete Verfassung ausarbeiten zu lassen. Diese am 14. Januar 1852 verkündete, mit 58 Artikeln recht kurze Konstitution war im wesentlichen eine bewußte Nachahmung der Konsulatsverfassung von 1799. Als Staatschef *(Chef de l'État)* erhielt Bonaparte in diesem autoritären Regime all die Befugnisse, die auch der konstitutionelle König der Restaurationsmonarchie zugestanden bekommen hatte; allerdings fehlte jetzt das parlamentarische Gegengewicht, das für diese Monarchie kennzeichnend gewesen war. Angesichts des autoritären Regimes mit Diktaturcharakter erschien es durchaus folgerichtig, daß Louis-Napoléon nach dem Vorbild seines Onkels danach strebte, seine Präsidentschaft in ein Kaisertum umzuwandeln.

6. Kaisertum Napoleons III. (1852–1870)

Der im Volk außerordentlich populäre, politisch sehr geschickt agierende Präsident wurde bei seinen Reisen durch die Provinz von den Massen umjubelt. So konnte er leicht bei einer Rede in Bordeaux das entsprechende Stichwort geben, wenn er vor begeisterten Anhängern sagte: „Frankreich scheint zum Empire zurückkehren zu wollen." In starker Position wandte er sich dann, von der Stimmung der Bevölkerung getragen, an den für eine Verfassungsänderung zuständigen Senat, der am 7. November 1852 die Konstitution umformte und das Präsidentenamt durch das Kaisertum ersetzte. „Louis-Napoléon Bonaparte", so hieß es in Artikel 1, „ist Kaiser der Franzosen, unter dem Namen Napoleon III." Durch diese Zählung sollte die Kontinuität von Napoleon I. über dessen Sohn Napoleon II., der nie wirklich regiert hatte, betont werden, wie das auch Ludwig XVIII. einst durch die Berücksichtigung Ludwigs XVII. getan hatte.

Napoleon III., der seine Kaiserwürde erblich, in männlicher Folge und Primogeniturordnung und mit der Möglichkeit, einen Nachfolger aus der Familie der Bonaparte zu adoptieren, verliehen bekam, ließ sich diese Würde durch Plebiszit legitimieren. Das Volk billigte sie am 21. November 1852 mit 7,8 Millionen Ja-Stimmen bei nur etwas mehr als 250 000 Nein-Voten. Die Volksabstimmung, bei der sein Herrschercharisma zum Tragen kam, bedeutete für ihn einen großen Erfolg. Dieser ermöglichte es Napoleon III. sofort, sein Kaisertum noch weiter auszubauen. Obwohl sein Regime das allgemeine Wahlrecht kannte, blieb es in einem ersten Zeitraum, der von 1852 bis 1860 dauerte, autoritär und diktatorisch.

Er unternahm sofort geeignete Schritte, um seinen Gegnern jede Aktionsmöglichkeit zu nehmen. Zu diesem Zweck ergriff er Maßnahmen gegen politische Versammlungen. Außerdem betrieb er aktive „Wahlgeographie", d. h. er manipulierte und veränderte die Wahlkreiseinteilung nach den Interessen des Regimes und wendete systematisch das System der „offiziellen Kandidatur" an. Demnach war es die Aufgabe der Präfekten, im Auftrag der kaiserlichen Regierung regimetreue Kandidaten für die Wahl zur Zweiten Kammer auszusuchen. Diese offiziellen erfreuten sich dann vieler Vorteile den anderen Bewerbern gegenüber.

Gleichzeitig sicherte Napoleon seine Diktatur durch den Ausbau der politischen Polizei, durch Beherrschung der Justiz und der Kirchen ab. Da ja die Kirchen seit der Revolution kein Eigentum mehr besaßen und deshalb ihre Unabhängigkeit verloren hatten, waren die Priester, Pastoren und Rabbiner zu Beamten geworden, die vom Staat besoldet wurden. So konnte die Religion als Herrschaftsinstrument der Regierung eingesetzt werden.

Damit waren alle Grundlagen geschaffen, um dem Kaiser trotz allgemeinen Wahlrechts eine ungeteilte Diktatur zu garantieren. Ab 1860 brach dann aber die zweite, relativ liberale Phase der Regierungszeit des Kaisers an, die eine Entwicklung hin zum parlamentarischen System einleitete, den Kammern mehr Rechte und Freiheiten gewährte, die Öffentlichkeit der Debatten wieder herstellte und der Presse größere Freiheiten zugestand. Da durch die Liberalisierungspolitik sich die Opposition von rechts und links besser entfalten und deshalb stärker werden konnte, sah sich Napoleon veranlaßt, in den folgenden Jahren weitere Zugeständnisse zu machen, so daß ein parlamentarisches Regime mit starker Opposition entstand. Im Rahmen dieser Entwicklung war es folgerichtig, daß Napoleon Anfang Januar 1870 den Führer der „Dritten Partei" *(tiers-parti)*, Émile Ollivier (1825–1913) mit der Bildung der Regierung beauftragte, die von der Mehrheit getragen wurde und deren Minister alle der Kammer angehörten.

Der Kaiser ließ sich die durch einen *Sénatus-consulte* formulierte Verfassungsänderung am 20. April 1870 durch Plebiszit bestätigen, wo er einen überwältigenden Vertrauensbeweis des Volkes erhielt. So war die Position Napoleons konsolidiert, als der Krieg gegen Preußen und die süddeutschen Staaten ausbrach.

7. Außenpolitik und Deutsch-Französischer Krieg

Da das von Österreich, Preußen und Rußland dominierte System der 1815 geschaffenen Heiligen Allianz trotz des Beitritts Frankreichs dieses Land mehr oder minder isolierte, ging es Napoleon III. in der Außenpolitik darum, dieses System durch eine gemäßigt betriebene französische Hegemonialpolitik zu ersetzen. Deshalb schaltete er sich 1850 beim Konflikt der Russen gegen die Türken und Briten ein und nahm am Krimkrieg (1854–1856) teil, ließ den Friedenskongreß in Paris stattfinden und spielte dort die Schiedsrichterrolle. Während Frankreich damals keine Landgewinne verbuchen konnte, stieg das diplomatische Ansehen des Kaiserreiches in Europa beträchtlich. Im Mittelmeer versuchte Napoleon III., den Einfluß Frankreichs auszubauen, das u. a. den Bau des Suezkanals (1859–1869) weitgehend finanzierte, und er griff zugunsten der bedrängten Christen im Libanon ein.

Von europäischer Bedeutung war jedoch die Förderung der italienischen Einigung durch Frankreich. Wegen der französischen Katholiken wollte er aus innenpolitischen Gründen allerdings den Kirchenstaat erhalten. Als die piemontesische Armee trotzdem den größten Teil des päpstlichen Staates besetzte, schritt Napoleon dagegen ein und ließ Rom und das Umland durch französische Truppen schützen, so daß Florenz als Ersatz für Rom zunächst die Hauptstadt Italiens wurde. Dies änderte sich erst beim Zusammenbruch des französischen Kaiserreiches 1870.

Während es gelang, französische Positionen in Indochina aufzubauen, wurde das mit Engagement betriebene Projekt, in Mexiko ein Kaisertum von Frankreichs Gnaden zu errichten, ein Fiasko. Zu einem besonderen Mißerfolg wurde jedoch Napoleons Deutschlandpolitik, wo er dem sehr geschickt agierenden preußischen Ministerpräsidenten Otto von Bismarck gegenüberstand. Seine Versuche, bei Zulassung der kleindeutschen Einigung wenigstens territoriale Gewinne wie Luxemburg herauszuschlagen, scheiterten. Als die Spannungen zwischen Frankreich und dem mit den süddeutschen Staaten alliierten Norddeutschen Bund immer größer wurden, bewirkte letztlich die spanische Thronkandidatur des Prinzen Leopold von Hohenzollern-Sigmaringen den Kriegsausbruch. Angesichts der in beiden Ländern aufgeputschten nationalistischen Erregung und der von Bismarck lancierten sogenannten Emser Depesche erklärte Frankreich am 19. Juli 1870 Preußen den Krieg, während die anderen Großmächte sich neutral verhielten. Die besser ausgerüsteten und ausgebildeten deutschen Heere drangen schnell ins nördliche Elsaß ein, schlossen am 13. August die Armee des Marschalls Achille Bazaines in Metz ein. Als hierauf zum Entsatz Marschall Patrice de Mac-Mahon mit einer großen Truppenmacht heranrückte, bei der sich Kaiser Napoleon III. selbst befand, kam es am 1. September 1870 zur Schlacht von Sedan, bei der 17 000 französische Soldaten fielen und 107 000 in Gefangenschaft gerieten. In aussichtsloser Lage kapitulierte Napoleon und wurde gefangengenommen. Obwohl man ihn absetzte, ging der Krieg mit dem Marsch der Deutschen nach Paris weiter.

VI. Wirtschaft, Gesellschaft, Kultur und Geistesleben im 19. und 20. Jahrhundert

1. Wirtschaftliche und gesellschaftliche Entwicklung

Die durch die Kriegsfolgen der Napoleonzeit, die Staatsverschuldung und die zu leistenden Kriegsentschädigungen verursachten Schwierigkeiten konnten erst langsam behoben werden. Ab 1816 baute man systematisch das Straßennetz, die Flüsse und Kanäle aus. So entstanden bis 1850 ca. 2500 km neue Wasserstraßen. Das Eisenbahnwesen, das in privater Hand blieb, entwickelte sich weniger rasch als in den Nachbarstaaten, wurde dann aber in der zweiten Hälfte des 19. Jahrhunderts vorangetrieben, so daß 1880 schon ein sehr enges Eisenbahnnetz existierte. Während die Industrialisierung zunahm, veränderten sich die Landwirtschaft und das Handwerk bis ins späte 19. Jahrhundert hinein kaum. Meist blieben dort die Klein- und Kleinstbetriebe vorherrschend. Im Zweiten Kaiserreich und dann wieder ab 1905 erlebte Frankreich jeweils einen allgemeinen Wirtschaftsaufschwung. Hatte das Land in den 20er Jahren des 20. Jahrhunderts noch eine hohe Wachstumsrate, so blieb diese in den 30er Jahren zurück. Nach dem Zweiten Weltkrieg erlebte Frankreich besonders seit den 1960er Jahren einen Aufschwung mit großem Wachstum und bedeutenden technischen Fortschritten. Gleichzeitig integrierte sich die blühende Wirtschaft gut in die EWG. Von 1974 bis 1980 wuchs die Industrieproduktion durchschnittlich 1,7% pro Jahr. Das Land wurde immer mehr in das gesamteuropäische Wirtschaftsleben eingegliedert.

Im Vergleich zu anderen europäischen Ländern erlebte Frankreich im 19. Jahrhundert nur ein gebremstes Bevölkerungswachstum. Das gilt auch noch bis zum Zweiten Weltkrieg. Erst seit 1943 nahmen die Geburten stark zu, und nach 1945 kamen zahlreiche Einwanderer ins Land. Die Binnenwanderung in die Ballungsgebiete, besonders Paris, war allerdings schon im 19. Jahrhundert sehr ausgeprägt.

Während durch die Revolution das gehobene Bürgertum am meisten gewann, blieb die soziale und materielle Situation der unteren und mittleren Schichten bis weit ins 19. Jahrhundert hinein weitgehend unverändert. Bis 1830 blieben die Notabeln die führende Schicht, während nachher die Finanz- und Industriebourgeoisie an Einfluß und Macht gewann. Neben den vielen Bauern und Kleinbauern sowie den Kleinbürgern nahm die Arbeiterschaft zu, die sich als Bewegung und „Vierter Stand" organisierte. Seit den 60er Jahren des 19. Jahrhunderts konstituierten sich Gewerkschaften, die immer mehr Einfluß errangen. Nach dem Zweiten Weltkrieg hat die Verbesserung der Sozialversicherung mit Gesundheitspflege dazu beigetragen, die Gesellschaft zu befrieden und ihr ein neues soziales Gesicht zu verleihen.

Während sich das Wirtschaftswachstum fortsetzte, geriet die junge Generation zunehmend in Konflikte mit politischen und religiösen Autoritäten. Gleichzeitig setzte sich mehr und mehr die Emanzipation der Frauen durch. Als Zeichen einer intensiven ideologischen Gärung brachen, geschürt von kleinen militanten Minderheiten, im Mai 1968 heftige Studentenunruhen aus, denen sich die Gewerkschaften anschlossen. Ab 1969 verbesserte die Regierung die Situation der Arbeiter. Da sich die Wirtschaftssituation seit den 80er Jahren verschlechterte, konnte bisher das Arbeitslosenproblem nicht gelöst werden.

2. Kultur und Geistesleben

Bis 1870, somit in einer Zeit, als man im Regierungssystem und in der Gesellschaft, in Restaurationsmonarchie und Zweitem Kaiserreich, frühere Epochen nachzuahmen versuchte, griff man auch in Kunst und Architektur im Historismus alte Stilelemente wieder auf. Besonders geschätzt waren in der Architektur Neogotik und Neorenaissance. Unter Napoleon III. wurde außerdem von G. E. Haussmann die Hauptstadt im Sinne modernen Städtebaus mit Schaffung breiter Verkehrsadern völlig umgestaltet. Auch in der Philosophie gab es eine Reaktion gegen Aufklärung und Revolution, gegen Individualismus und Rationalismus. Deshalb hielten jetzt bedeutende philosophische Richtungen den Traditionalismus und den Fideismus hoch, d.h. die Anschauung, daß die kirchlichen Wahrheiten der vernunftmäßigen Erkenntnis entzogen seien. Gleichzeitig wurde aber schon der frühe Sozialismus begründet (Saint-Simon) und das Fundament für den Positivismus (A. Comte) gelegt.

In der Malerei blühte die Romantik auf (E. Delacroix, P. Delaroche), ebenso in der Literatur (Chateaubriand, J. de Maistre, A. de Lamartine, V. Hugo u.a.). In der zweiten Hälfte des 19. Jahrhunderts wurden hierauf Realismus und Naturalismus die herrschende Richtung mit Werken, die geprägt waren durch Unpersönlichkeit, Realismus und detaillierte naturalistische Beschreibung. Wichtige Vertreter dieser Richtung waren u.a. Ch.-A. Sainte-Beuve, H. Taine, Ch. Baudelaire, G. Flaubert, E. Zola, E. de Goncourt und A. Daudet. Auch in der Kunst ist ab 1830 eine Rückwendung zur Natur festzustellen, so bei den Malern G. Courbet, J. F. Millet oder dem Architekten V. Ballard.

Für die ganze europäische Kunst- und Kulturentwicklung wurde der französische Impressionismus wichtig und beispielgebend. Es handelte sich zunächst um eine gegen 1870 in der französischen Malerei aufgekommene Kunstrichtung. Sie ging letztlich aus der Freilichtmalerei der *École de Barbizon* hervor und setzte sich von der konventionellen Malerei und Atelierkunst ab. Die Maler wollten in ihren Bildern jeweils den Gegenstand in seiner Augenblickswirkung einfangen und arbeiteten deshalb mit Licht- und Farbeindrücken. Diese bedeutende Stilrichtung erhielt den Namen Impressionismus in der ersten gemeinsamen Ausstellung dieser Künstlergruppe, die sie 1874 in Paris durchführte, nach einem dort gezeigten Bild von Claude Monet (1840–1926). Neben Monet gilt Édouard Manet als eigentlicher Begründer dieser Kunstform. Die beiden bildeten zusammen mit den Malern Camille Pissarro, Alfred Sisley, Berthe Morisot, Auguste Renoir und Edgar Degas die französische impressionistische Schule im engeren Sinn. Als Bildhauer ist hier A. Rodin zu nennen, während C. Debussy und M. Ravel impressionistische Musik komponierten.

Auch Ende des 19. und im 20. Jahrhundert bis weit in die Zeit der Fünften Republik hinein entwickelte sich die französische Kultur und speziell auch die Literatur sehr vielseitig. Nach einer symbolistischen Poesie eines J. Moréas oder H. de Régnier wirkten Dichter oder Schriftsteller wie F. Jammes und P. Claudel, die, geprägt durch tiefe katholische Gläubigkeit, Elemente des Symbolismus übernahmen.

Andere pflegten spiritualistische und psychologische Traditionen, wie P. Loti, P. Bourget oder A. France. Besonders wichtige Philosophen waren E. Boutroux und H. Bergson. Nach dem Ersten Weltkrieg gesellten sich zu den traditionellen Richtungen der Intellektualismus von P. Valéry und der Surréalismus von G. Apollinaire und A. Breton.

Beim Roman brillierten Schriftsteller wie M. *Proust (A la recherche du temps perdu),* der mit dem Nobelpreis ausgezeichnete kritisch ironische Kommunist A. Gide *(La Porte Étroite)* oder der betont katholische Nobelpreisträger F. Mauriac. Die Lebensbedingungen des Menschen in der Gesellschaft behandelten in ihren Werken G. Duhamel, J. Romains und A. Maurois. Demgegenüber suchten oder propagierten die Schriftsteller H. de Montherlant, A. Malraux, A. de Saint-Exupéry, G. Bernanos und der Theoretiker des atheistischen Existentialismus J.-P. *Sartre (La Nausseé)* in ihren Romanen eine neue Ethik. Die meisten dieser Autoren schrieben auch bedeutende Theaterstücke. Zusätzlich sind für diesen Bereich auch J. Cocteau, J. Giraudoux und J. Anouilh hervorzuheben.

In den Jahren 1955 bis 1961 wurde der *Nouveau roman* und die *Nouvelle vague* auf dem Gebiet der Filmkunst besonders gepflegt, während zunehmend das Fernsehen seinen Siegeszug antrat. Gerade in diesen Jahrzehnten der Fünften Republik war ein starker Zuwachs der Besucherzahlen von Ausstellungen und Museen zu verzeichnen, und die Wissenschaft stellte bedeutende Vertreter verschiedener Disziplinen. Außerdem errichtete man in Paris aufsehenerregende Bauten (Centre G. Pompidou, Museé d'Orsay oder die modernen Ausbauten des Grand Louvre).

VII. Dritte Republik (1870–1940)

1. „Republik ohne Republikaner" und Kommuneaufstand

Die Republik war am Anfang mit großen Problemen konfrontiert. Nach der Gefangennahme Napoleons III. und der Weiterführung des immer unglücklicher verlaufenden Krieges war die provisorische republikanische Regierung in Paris gezwungen, am 28. Januar 1871 einen Waffenstillstand abzuschließen und Wahlen zu veranstalten, damit eine vom Volk legitimierte Regierung gewählt werden konnte, die mit Deutschland zu verhandeln hatte. Während sich die Rechten beim Wahlkampf für den raschen Friedensschluß einsetzten ohne Festlegung der künftigen Staatsform, sprachen sich die Republikaner energisch für eine Fortsetzung des Krieges aus. Hierauf erhielten die konservativen Notabeln 400 Mandate, die Linke nur 230.

Die beiden Lager waren jedoch jeweils nicht einheitlich, denn die rechte, monarchistisch dominierte Mehrheit zerfiel in die Gruppe der Legitimisten (182 Abgeordnete), d.h. Anhänger des Enkels von Karl X., und der Orleanisten (214 Abgeordnete), die den Enkel von Louis Philippe, den Comte de Paris, auf den Thron erheben wollten. Die Republikaner spalteten sich ihrerseits auf in die extreme Linke *(Union républicaine),* der Politiker wie Gambetta oder Georges Clemenceau angehörten, in die Gruppierung der linken Republikaner mit Leuten wie Jules Favre und Jules Ferry und schließlich in die Vertreter des linken und rechten Zentrums wie Thiers und Périer. Angesichts dieser Situation konnte sich die Versammlung nur darauf einigen, nichts Definitives festzulegen, und wählte schließlich den schon 73jährigen Thiers zum Chef der Exekutive.

Die Regierung Thiers hatte vor allem zwei dringende Aufgaben zu erfüllen: erstens mit dem Reichskanzler Bismarck den Frieden auszuhandeln und zweitens zunächst das Provisorium zu organisieren. Die wichtige Frage der zukünftigen Staatsform und der Institutionen in dieser damaligen „Republik ohne Republikaner" [Malafosse, Histoire, 136], sollte erst später geklärt werden.

Thiers, dem auch Bismarck Vertrauen entgegenbrachte, konnte sich sehr rasch mit den Deutschen auf einen Präliminarfrieden einigen. Dieser wurde schon am 1. März 1871 von der Versammlung mit der überwältigenden Mehrheit von 546 gegen 107 Stimmen ratifiziert. Er sah die Abtretung des Elsaß und eines Teils von Lothringen an das Deutsche Reich und die Zahlung einer Kriegsentschädigung von fünf Milliarden Franc vor. Auf dieser Basis unterzeichneten die beiden Kriegsparteien am 10. Mai desselben Jahres den Friedensvertrag von Frankfurt. Dieser wurde von den Rechten getragen.

Der Regierungschef brachte auch seine zweite Aufgabe zügig voran: Er bildete ein Kabinett der großen Mehrheit, in der neben Legitimisten und Orleanisten auch Republikaner vertreten waren. Um möglichst rasch mit der Aufbauarbeit zu beginnen, verlegte man den Sitz der Versammlung am 20. März von Bordeaux nach Versailles. Aber schon zwei Tage vorher war der Aufstand der Pariser Kommune ausgebrochen, der vor allem den Pariser Raum in einen blutigen Bürgerkrieg stürzte und die Autorität der Regierung in Frage stellte. Hier entlud sich in großer Heftigkeit der Gegensatz der von den Linken beherrschten Hauptstadt und der von den Konservativen dominierten Provinz.

Am Beginn dieses Bürgerkrieges stand der Befehl des Regierungschefs, die Pariser Nationalgarde entwaffnen zu lassen. Als Reaktion kam es zum Kommuneaufstand. Da Thiers massiv Truppen einsetzte und sich die Kommunarden verbissen verteidigten, kam es zu heftigen, blutigen Kämpfen mit vielen Toten und Verletzten und zu zahlreichen Greueltaten auf beiden Seiten. Schließlich unterlag die politisch zerstrittene Kommune in der „blutigen Woche" vom 21. bis 28. Mai den Truppen der Regierung. Dabei wurden ca. 25000 *communards* getötet.

Die Niederschlagung des Aufstandes hatte direkte Folgewirkungen auf die weitere Entwicklung in den Anfangsjahren der Dritten Republik. Einerseits war nämlich der linke, demokratische und sozialistische Flügel der Republikaner diskreditiert und ausgeschaltet. Da sich aber gezeigt hatte, daß die konservative Republik ebensogut wie eine Monarchie die Ordnung gegen die Linken durchsetzen konnte, gewann andererseits der republikanische Gedanke an Boden. Die erfolgreiche Politik Thiers' fand zunehmend Anhänger. Daher erreichte dieser Staatsmann, daß ihm die Versammlung am 31. August 1871 den Titel eines Präsidenten der Republik verlieh. Der von weiten Kreisen geschätzte Mann versuchte nun, sein politisches Gewicht mehr und mehr zugunsten der republikanischen Staatsform in die Waagschale zu werfen. Als bei Teilwahlen die Republikaner, aber auch die wieder antretenden Bonapartisten Erfolge verbuchen konnten und als somit die Mehrheit der Royalisten zu schrumpfen begann, wurden diese nervös. Es kam zu immer größeren Spannungen mit dem republikanischen Präsidenten, den die Monarchisten nicht mehr als tragbar empfanden.

Da sie ihre Felle allmählich fortschwimmen sahen, einigten sie sich auf den Sturz des Präsidenten, um noch rasch mit ihrer Mehrheit die Monarchie einzuführen, bevor es zu spät war. Nachdem Thiers bei der Abstimmung im Mai 1873 nur 344 gegen 360 Stimmen auf sich vereinigen hatte können, trat er zurück. Jetzt schien die Restauration der Monarchie zum Greifen nahe. Immerhin hatten sich nach langwierigen, mühsamen Verhandlungen Legitimisten und Orleanisten geeinigt.

Da jedoch der Prätendent, der Comte de Chambord, beharrlich darauf bestand, die Trikolore durch die weiße Bourbonenfahne zu ersetzen, scheiterte die Angelegenheit. Die Mehrheit der Versammlung wählte deshalb den monarchistisch eingestellten Marschall Mac-Mahon zum Nachfolger von Thiers, der gegebenenfalls dem Monarchen weichen wollte. Als Chambord jedoch weiterhin auf der weißen Fahne beharrte, betraute man durch das Septennatsgesetz (20. 11. 1873) Mac-Mahon für sieben Jahre mit der Exekutivgewalt und beauftragte eine Kommission, Grundgesetze auszuarbeiten.

2. Die Republik und ihre Grundgesetze (1875/79)

Während der Republikgedanke zunehmend an Bedeutung gewann, kam es am 30. Januar 1875 zur entscheidenden Abstimmung über den Gesetzentwurf des republikanischen Abgeordneten Henri Wallon, der die Republik als Staatsform vorsah. Mit 353 gegen 352 Voten, also nur einer Stimme Mehrheit, sprach sich damals die Versammlung dafür aus, und diese äußerst knappe Entscheidung für die Republik sollte dann endgültig bleiben. Damit war der Weg frei, nach dem konstitutionellen Schwebezustand die verfassungsrechtlichen Grundlagen für die Dritte Republik zu schaffen, die im Laufe der Zeit immer mehr Anhänger gewinnen konnte. Statt einer eigentlichen Verfassung nahm die Versammlung am 24. und 25. Februar sowie am 16. Juli 1875 drei Grundgesetze an. Dabei legte das erste die Schaffung und Struktur des Senats und das zweite die Organisation der „öffentlichen Gewalten" fest, während das dritte Grundgesetz die Beziehungen der Gewalten untereinander regelte.

Demnach stand auf der einen Seite der Präsident der Republik. Er war von der absoluten Mehrheit der Stimmen der beiden zur *Assemblée nationale* vereinigten Kammern für sieben Jahre zu bestimmen und sollte wiederwählbar sein. Ihm wurde eine starke Stellung, praktisch die eines „Monarchen ohne Erbrecht", zugestanden [Rémond, Vie politique II, 317], denn er besaß zusammen mit den Kammern die Gesetzesinitiative, er promulgierte die Gesetze und überwachte deren Ausführung. Ferner kam es ihm zu, die Kammern einzuberufen, zu vertagen oder aufzulösen, die Minister, die Militär- und Zivilbeamten zu ernennen, das Begnadigungsrecht auszuüben und Allianzverträge ohne Zustimmung der Deputierten abzuschließen.

Dem Präsidenten der Republik standen zwei Gremien, der Senat und die Deputiertenkammer, gegenüber. Ersterer bestand aus 300 Mitgliedern. Die Kammer setzte sich aus 600 auf vier Jahre gewählten Abgeordneten zusammen. Diese wurden in allgemeiner, gleicher, direkter und geheimer Wahl der mindestens 21 Jahre alten Männer nach dem Mehrheitsprinzip bestimmt. Dieses wichtige Gesetzgebungsorgan besaß allein das Budgetbewilligungsrecht, es kontrollierte den Ministerrat und konnte die vom Präsidenten zu ernennenden Minister vorschlagen.

Die kurze und relativ unpräzise Verfassung von 1875 war ein Kompromiß zwischen monarchistischer und republikanischer Tendenz, „die orleanistischste von allen französischen Verfassungen" mit allen wichtigen Merkmalen des Orleanismus, nämlich Gleichgewicht der Gewalten, Pluralität der Staatsorgane und Dualismus der Kammern [Rémond, Vie politique II, 320].

Da diese Grundgesetze jedoch die Möglichkeit eröffneten, ohne große Schwierigkeiten die Verfassungsbestimmungen zu revidieren, führte die Entwicklung durch die sich verändernden politischen und sozialen Verhältnisse und die Verschiebung der Kräfte dazu, daß sich die Republik endgültig festigen konnte.

Es dauerte allerdings noch bis 1879, bis die letzten Bastionen der „konservativen Republik" fielen.

Nach den Wahlerfolgen der Republikaner 1876, nach Auflösung der Kammer 1877 und 1879, sowie ernsten Konflikten der Deputierten mit dem Präsidenten, erklärte der in Isolation geratene Mac-Mahon am 30. Januar 1879 seinen Rücktritt. Noch am gleichen Tag wählte die Nationalversammlung mit 563 von 713 Stimmen den überzeugten Republikaner Jules Grévy (1807–1891) zum neuen Präsidenten. Erst jetzt waren sie endgültig an der Macht. So setzten sie schon wenige Monate später die erste Revision der Verfassung durch und verlegten den in Versailles festgelegten Sitz der Exekutive und der beiden Kammern nach Paris, der alten Hauptstadt und dem Zentrum der Revolution. Gleichzeitig erklärte man als Zeichen des Triumphes der Republik den 14. Juli (Sturm auf die Bastille) zum Nationalfeiertag und die in der Revolution entstandene Marseillaise zur Nationalhymne. In einer späteren Verfassungsänderung vom 14. August 1884 wurde dann ausdrücklich eine Revision der republikanischen Verfassung und die Wahl von Mitgliedern ehemals regierender Familien ein für allemal ausgeschlossen.

3. Von der „opportunistischen" zur „radikalen" Republik (1879–1914)

Die 19 Jahre von 1879 bis 1898 werden oft als Periode des „Opportunismus" bezeichnet. Clemenceau hatte nämlich den Vorwurf erhoben, Gambetta habe in dieser Zeit aus Rücksicht dem Großbürgertum gegenüber auf tiefgreifende gesellschaftliche Reformen verzichtet. Außerdem blieb großenteils der Adel die Führungsschicht auf dem Lande, und er besetzte auch die höchsten Stellen in der Armee. Durch diese Maßnahmen konnten sich die Republikaner ungefährdet an der Spitze der Republik halten. Allerdings nahm allmählich der politische Einfluß der Mittelschichten zu, die oft überzeugte Republikaner und später Anhänger der Radikalsozialisten waren.

Die Regierungen führten ab 1880 stufenweise mehrere Reformen durch (1881 liberales Pressegesetz, 1882/84 Munizipalordnung, 1883 Justizreform und Ehescheidungsrecht, 1884 Senatsreform). Weitere wichtige Schritte waren die Amnestie der Kommunarden zur Versöhnung mit der Linken, die Zulassung von Gewerkschaften und ein Programm, um die öffentlichen Arbeiten zu organisieren. Im Bereich des Schulwesens kam es damals ähnlich wie in Deutschland zu einer Art Kulturkampf. Die Republik verdrängte nämlich die katholische Kirche und ihre Lehrer aus Schulverwaltung und Unterricht. Ferry baute außerdem in seiner Schulreform die Volksschule zur kostenlosen, laizistischen, obligatorischen Staatsschule aus.

Da es in den 80er Jahren zu einer großen wirtschaftlichen Depression kam, nahmen antirepublikanische, dem Parlamentarismus distanziert gegenüberstehende politische Kräfte, wie die Monarchisten und Bonapartisten, bei den Wahlen von 1885 gewaltig zu. Damals stieg der populäre General Boulanger, der auf Plebiszite und eine Fraternisierung der Armee mit der Arbeiterschaft setzte, zum Führer der „Partei der Unzufriedenen" auf, vermied jedoch den Staatsstreich. Während die Rechten sich in der Folgezeit zunehmend in außer- und antiparlamentarischen Verbänden organisierten, schlossen sich die von den „Radikalen" vertretenen Mittelschichten enger an die „opportunistische" Republik an.

In den 90er Jahren erschütterten zwei Krisen die Republik und spalteten die Gesellschaft: der Panamaskandal und die Dreyfusaffäre. Die Affäre des offensichtlich unschuldig wegen Landesverrats verurteilten jüdischen Offiziers Alfred Dreyfus erschütterte Frankreich stark, da es um die Glaubwürdigkeit von Armee und Justiz, Staatsautorität und Nationalinteresse und außerdem um Antisemitismus ging. Damals konnte das kleine und mittlere Bürgertum, vertreten durch die „radikale" Partei, mit der Regierung Waldeck-Rousseau an die Macht kommen, so daß man für die Jahre bis 1914 von der „radikalen" Republik spricht. Der Radikalsozialismus, mehr und mehr von der sich organisierenden linken Arbeiterschaft in die politische Mitte gedrängt, wurde nun die entscheidende Kraft. Ihr gehörten so bedeutende Politiker wie Clemenceau,

Caillaux, Daladier und Herriot an. Es handelte sich um von Freimaurern beherrschte [P. Chevallier, Franc-Maçonnerie III, 13–16], liberale, antiklerikale Parteien mit antietatistischen, aber keinen antikapitalistischen Zügen. Bei schwacher Organisation, einer Vielzahl von Namen und Programmen hatten sie letztlich den Charakter von Honorationenparteien.

Die damalige Zeit war geprägt durch instabile Kabinette und häufige Regierungswechsel. Es kam zum Zusammenwirken der „radikalen" Republik mit den Sozialisten. Besonders markant waren innenpolitische Ereignisse wie die ideologisch-politische Überwachung des Offizierskorps durch Freimaurer und die Reaktion darauf, das Streben nach Modernisierung des Steuersystems sowie die Einführung des Verhältniswahlsystems und der Bruch mit der katholischen Kirche.

4. Staat und Kirche – strikte Trennung 1905

Die Entwicklung der Beziehungen von katholischer Mehrheitskirche und Staat sowie entsprechende Gegensätze der meist rechts stehenden, konservativ eingestellten Katholiken und der im allgemeinen laizistischen, antikirchlichen Linken spielten in Frankreich seit der Revolution eine wichtige Rolle im politischen Leben. In der Dritten Republik wurden diese Gegensätze besonders relevant und führten schließlich 1905 zur strikten Trennung von Kirche und Staat.

Nachdem die katholische Kirche in der Restaurations- und Second-Empire-Zeit einen großen Einfluß besonders auf das Schulwesen errungen hatte, begann vor allem seit 1880 der Kampf der antiklerikalen Politiker wie Gambetta oder Ferry gegen diese wichtige Position. Als erster Schritt wurde in diesem Jahr durch ein Dekret der Jesuitenorden in Frankreich verboten. Hierauf begann man von 1881 bis 1886 schrittweise das Grundschulwesen und die höheren Schulen für Mädchen dem kirchlichen Einfluß zu entziehen. Damals wurde mehr und mehr die Laizisierung Frankreichs eingeleitet, die heute noch ein Grundzug der Republik ist. Wichtige Schritte dafür waren Aktionen gegen die kirchlichen Orden, Schließung ihrer Schulen und Unterrichsverbot, Abbruch der Beziehungen mit dem Heiligen Stuhl in Rom und schließlich strikte Trennung von Kirche und Staat. Die Kirchen und Presbyterien blieben jedoch staatliches Eigentum. Da nun von Staats wegen aller Kirchenbesitz bis hin zu den Tabernakeln, Kelchen und Monstranzen inventarisiert wurde, kam es zu heftigen Reaktionen und Aufständen der Gläubigen. Während Briand sein Gesetz als *Loi de tolérance et d'équité* bezeichnete, verurteilte Papst Pius X. (1903–1914) den dadurch erfolgten einseitigen Bruch des Konkordats durch die Republik in seiner Enzyklika *Vehementer nos*. Die Trennung von Kirche und Staat von 1905 blieb bis heute erhalten und prägte die Republik grundlegend.

5. Kolonial-, Außenpolitik und Erster Weltkrieg

Die Dritte Republik baute das französische Kolonialreich weiter aus. Dabei spielten als Motive wirtschaftliche Interessen, militärische Gründe sowie Bestrebungen eine Rolle, die französische Zivilisation zu verbreiten. Basierend auf den Erwerbungen der Monarchie- und Kaiserzeit gelang es der Dritten Republik seit den 1880er Jahren, ein gewaltiges Reich an Kolonien, Protektoraten und Militärterritorien zu gewinnen, das in der Zeit zwischen den Weltkriegen seine größte Ausdehnung erreichte. Es umfaßte schließlich Französisch Äquatorialafrika, Tunis, Annam, Tonkin, Madagaskar, Laos, Französisch-Westafrika und Marokko, die größten Teile der vorher deutschen Kolonien Togo und Kamerun, außerdem die Völkerbundsmandate über Syrien und den Libanon.

Die französische Kolonialexpansion führte einerseits dazu, daß Frankreich bald nach dem verlorenen Krieg wieder eine Rolle als Großmacht spielte, die zusätzlich durch wachsenden Einfluß wegen seiner Kreditvergaben (z. B. an Rußland) noch verstärkt wurde. Andererseits geriet die Republik jedoch in Auseinandersetzungen mit Großbritannien, die in der Faschodakrise (1898/99) einen Höhepunkt erreichten. Außerdem spitzte sich in Marokko in den zwei Krisen von 1905 und 1911 der Konflikt mit Deutschland zu.

Damals lebte ein kämpferischer Nationalismus und das Revanchedenken mit Forderung nach Rückgewinnung von Elsaß-Lothringen auf. Dabei wurde ein mit Fatalismus erwarteter Krieg in Kauf genommen. Zur Sicherung der französischen Position gegen das demographisch und wirtschaftlich überlegene Deutsche Kaiserreich schloß man mit Rußland, das die französischen Kapitalexporte benötigte, 1891/92 eine Allianz, den „Zweiverband" und schließlich 1904 mit England die *Entente cordiale* ab. Diese wurde dann 1907 durch den britisch-russischen Petersburger Vertrag zur *Tripelentente* (Dreierbund) ausgeweitet. In dieser gespannten Lage, als die großen Mächte geprägt waren vom Imperialismus, den damit verbundenen Rivalitäten und dem angefachten übersteigerten Nationalismus, brach nach den Balkankriegen 1912/13 und dem Mord an dem österreichischen Thronfolger Franz Ferdinand in Sarajevo (28. Juni 1914) der Erste Weltkrieg (1914–1918) aus. Es kam zu Kriegserklärungen Österreich-Ungarns an Serbien, Deutschlands an Rußland und an Frankreich (3. August 1914). Auf französischer Seite standen damals Rußland, Großbritannien, verbündet mit Serbien, Belgien und Japan. Später traten noch Rumänien, Portugal (1916) sowie 1917 die USA, Griechenland und die meisten lateinamerikanischen Staaten hinzu.

Die deutsche Armee eröffnete unter Verletzung der belgischen Neutralität den Angriff auf Frankreich, wurde jedoch schon durch die Marneschlacht (6.–9. 9. 1914) gestoppt, bei der sich die Marschälle Joffre, Foch und Gallieni besondere Verdienste erwarben. Gerade an dieser Front erstarrte der Kampf hierauf zum fast vierjährigen Graben- und Stellungskrieg. Frankreich entrichtete damals einen besonders hohen Blutzoll im Lande selbst, während sich die Verluste bei den Kämpfen in Übersee in Grenzen hielten. Im ganzen waren 1 390 000 Franzosen als Opfer zu beklagen. Die Republik erwies sich aber als militärisch effiziente Großmacht mit tapferen Soldaten und konnte die Zerreißprobe bis 1917 relativ gut bestehen. Es war nämlich gelungen, die Linke und die katholische Rechte durch die *Union sacrée* im nationalen Dienst für das Vaterland zu vereinen und die ganze Kraft und Energie der

Nation aufzubieten. Als 1917 eine schwere Krise das kriegführende Frankreich erschütterte, da viele am militärischen Sieg zweifelten und zu einem Kompromißfrieden neigten, gelang es vor allem dem mit eiserner Hand regierenden „Tiger" Clemenceau, diese Krise zu überwinden und Frankreich zusammen mit den Alliierten zum Sieg zu führen.

Bei den Friedensverhandlungen in Versailles konnte er dann einen großen Teil der Kriegsziele durchsetzen: Rückgewinnung von Elsaß-Lothringen, Mandat über das Saarland, Besetzung des linksrheinischen Deutschlands. Auch beim Abschluß der Friedensverträge mit den anderen besiegten Mächten, d. h. dem von Saint-Germain-en-Laye mit Österreich (10. 9. 1919), dem von Trianon mit Ungarn, dem von Neuilly-sur-Seine mit Bulgarien und dem von Sèvres mit der Türkei spielte die französische Republik eine große Rolle. Frankreich war wieder zur kontinentalen Vormacht aufgestiegen.

Diese Position wurde allerdings durch die britische Gleichgewichtspolitik und den Rückzug der Vereinigten Staaten aus Europa eingeschränkt. So blieb es das wichtigste Ziel der französischen Außenpolitik, das Deutsche Reich und seine potentiellen Revisions- und Revanchebestrebungen durch den Völkerbund und durch ein Bündnissystem einzudämmen. Zu diesem Zweck dienten Allianzverträge mit Belgien 1920, Polen 1921, der Tschechoslowakei 1924 (bei deren Entstehung 1918 Frankreich eine besondere Rolle gespielt hatte), ferner mit Rumänien 1926 und Jugoslawien 1927. Durch dieses Bündnissystem mit den Nachbarn des Deutschen Reiches, die außer Belgien an ihren Ostgrenzen an Rußland stießen, wollte die Republik einen *Cordon sanitaire* (Sperrgürtel) schaffen, der sich zunächst gegen das bolschewistische Rußland und hierauf gegen Deutschland richtete. 1932 folgte allerdings dann ein Bündnis mit der UdSSR.

Die Beziehungen zum Deutschen Reich waren zunächst gespannt, besonders in der Regierungszeit Poincarés, der eine Politik der „produktiven Pfänder" verfocht, und wegen Rückständen bei den deutschen Reparationsleistungen 1923 das Ruhrgebiet besetzen ließ. Diese harte Politik stieß aber auf den

Widerstand der Briten und Amerikaner. Als 1924 die Linke die Wahlen gewann, führte Frankreich, besonders unter Außenminister Briand, eine verständigungsbereite Politik, die zum Abschluß des Locarnopaktes (16. 10. 1925) führte, der wesentlich zur Entspannung in Europa beitrug und erst durch die Besetzung der entmilitarisierten linksrheinischen Zone durch Hitler 1936 gebrochen wurde.

6. Innere Entwicklung in der Zwischenkriegszeit

Da der Erste Weltkrieg eine Stärkung der Exekutive erforderlich machte, gestaltete man die Institutionen um und erweiterte die Befugnisse des Kabinetts und des *Président du Conseil,* der erst jetzt wirklich Regierungschef wurde. Von besonderer Bedeutung war, daß nun die Regierung unabhängig vom Parlament Dekrete mit Gesetzeskraft *(décret-lois)* erlassen konnte. All diese verfassungsrechtlichen Neuerungen blieben auch nach dem Krieg bestehen. So erließen die Regierungen seit 1924 und vor allem seit 1934 mehr und mehr solche *décret-lois.* Trotzdem blieben sie auf das Wohlwollen der Kammer angewiesen, die angesichts der Mehrparteienkonstellationen und der labilen Majoritäten laufend die Kabinette stürzte und neue Regierungen entstehen ließ.

Spielte von 1917 bis 1920 Clemenceau eine dominierende Rolle, so regierte nach dessen Rücktritt der 1919 in Listenwahl erfolgreiche Bloc National (338 von 626 Abgeordneten) und stellte mehrere Kabinette, bis R. Poincaré von Januar 1922 bis Mai 1924 eine relativ stabile Regierung bilden konnte, obwohl es Spannungen mit der katholischen Rechten und soziale Konflikte gab, während die Regierung den Wiederaufbau organisierte.

Bei der Wahl von 1924 errang das Kartell der Linken den Sieg. Jetzt konnte der Vorsitzende der nach links zurückgekehrten Radikalsozialisten Herriot eine von den Abgeordneten der Sozialisten gestützte Regierung seiner Partei bilden. Wegen der Finanzkrise mußte er allerdings schon im April 1925 zurücktreten. Nach fünf kurzlebigen Regierungen (darunter drei Kabinetten Briand), dem Verschleiß von sieben Finanzministern in 14 Monaten, einer katastrophalen finanziellen Situation und Geldentwertung wurde Poincaré in die Regierung zurückberufen, unterstützt von allen Parteien außer den Sozialisten und Kommunisten. Er bildete eine Regierung der nationalen Einheit. Die durch das Überwechseln der Radikalsozialisten zur Rechten entstandene Mehrheit, bildete in den nächsten sechs Jahren die Basis für die folgenden Kabinette. Das erste, die Regierung Poincaré, hielt sich immerhin drei Jahre lang und konnte die Finanzen sanieren, den Franc stabilisieren und damit die Lage beruhigen.

Ab 1930 bekam Frankreich dann die Weltwirtschaftskrise zu spüren. Dazu kam die Instabilität, verursacht durch die Uneinigkeit der vielen sich gegenseitig bekämpfenden Parteien der Rechten wie der Linken und außerdem wieder der Streit in der Kirchenfrage. Deshalb erschütterten ab 1932 schwere Krisen mit Preisverfall, Lohnsenkungen und Arbeitslosigkeit das Land. In dieser Situation verlor die weitgehend ohnmächtige Rechte bei den Wahlen im Frühjahr 1932 die Mehrheit, die an die „Linksunion" fiel. Wie 1924 übernahm jetzt wieder Herriot die Regierung, die aber schon vor dem Ende des Jahres 1932 vor allem von den Sozialisten wieder gestürzt wurde. Angesichts von 16 in der Kammer vertretenen Parteien folgten nun in etwas mehr als einem Jahr fünf Regierungen. Die Mehrheitsverhältnisse machten das Land praktisch unregierbar. In dieser Zeit erhielten die antiparlamentarischen Ligen Zuwachs, während Skandale die Menschen erbosten und Massendemonstrationen mit Toten und vielen Verletzten die Republik erschütterten. Nach dem Rücktritt von Daladier bildete G. Doumergue eine Regierung der nationalen Einheit, der nur die Sozialisten und Kommunisten die Zustimmung versagten. Wieder hatten sich innerhalb der Legislaturperiode die Mehrheitsverhältnisse umgekehrt.

In der Folgezeit vereinigte sich die Linke und bildete 1936 die Volksfront. Dieses Jahr „hat sich unauslöschlich in das Gedächtnis der Franzosen eingegraben" [Rémond, Frankreich I, 220]. Bei den Wahlen im Frühjahr 1936 erzielte nämlich die unter der Parole „Brot, Frieden, Freiheit" angetretene Volksfront (Radikalsozialisten, Sozialisten und Kommunisten) einen klaren Wahlsieg (380 Abgeordnete gegenüber 220 der Rechten). Dabei verschob sich auch innerhalb der Linken das Gewicht der Parteien (Sozialisten 149, Radikalsozialisten 106, Kommunisten 72 Abgeordnete). So kam es zur ersten Regierungsbildung unter sozialistischer Führung. Ministerpräsident wurde Léon Blum (1872–1950), „der erste französische Regierungschef jüdischer Abstammung". Da die Kommunisten der Regierung fernblieben, bildete Blum ein Kabinett der zwei anderen Linksparteien. Aufsehen erregte die Ernennung von drei Unterstaatssekretärinnen in einem Land, das damals im Gegensatz zu Deutschland noch kein Frauenwahlrecht kannte.

Noch bevor die neue Regierung ihr Amt antreten konnte, kam es zu einer gewaltigen Streikwelle mit systematischer Besetzung von Betrieben. Für die neue Regierung Blum bedeutete diese „soziale Explosion" eine schwere Anfangshypothek, da das Land damals praktisch gelähmt und die Versorgung gefährdet war. Blum vermittelte sogleich die „Matignon-Vereinbarung", welche allerdings die Besetzungen trotz aller Appelle nicht beenden konnte. Gleichzeitig verabschiedete die Regierung zahlreiche Gesetzesentwürfe, welche die Lebensbedingungen der Arbeiter grundlegend verbesserten (bezahlter Jahresurlaub, Senkung der Wochenarbeitszeit von 48 auf 40 Stunden, Schulgeldbefreiung, ermäßigte Ferienbahnkarten u.a.). Diese für weite Schichten der Bevölkerung positiven Maßnahmen, welche die Nachfrage im Inneren erhöhten, führten jedoch zur Geldentwertung und zur Minderung der Konkurrenzfähigkeit französischer Produkte auf dem Weltmarkt. Trotzdem versetzten die vielen Förderungsmaßnahmen „die Linke im Sommer 1936 in stürmische Begeisterung" [Rémond, Frankreich I, 243]. Allerdings geriet die von der rechten Opposition und den ihr nahestehenden Presseorganen heftigst attackierte Regierung bald in Schwierigkeiten, da die Inflation die Lohnerhöhungen verschlang, die Begeisterung verschwand und die Kommunisten zunehmend auf Distanz gingen.

Als Blum im Februar 1937 eine Pause der Reformen ange-
kündigt hatte, kam er durch blutige Unruhen, bei denen die
Polizei fünf Menschen erschoß, und durch Streiks immer mehr
unter Druck, der noch durch die zunehmenden wirtschaftlichen Probleme verschärft wurde. Deshalb trat er nach nur
wenig mehr als einem Jahr zurück. Nach dem endgültigen
Scheitern der Volksfront bildete Daladier im April 1938 eine
neue, mehrheitlich radikalsozialistische Regierung, in die er
auch Politiker der Rechten (P. Reynaud, G. Mandel) aufnahm,
die scharfe Gegner Hitlers waren.

7. Appeasementpolitik und Kriegseintritt

Frankreich, damals eingestellt auf Frieden und reine Verteidi-
gungsstrategie, mit einer Linken, die geprägt war durch Pazi-
fismus und Antimilitarismus, schritt militärisch nicht ein, als
der noch schwache Hitler am 7. März 1936 unter Verletzung
des Versailler Vertrages die Wehrmacht in das entmilitarisierte
linksrheinische Deutschland einmarschieren ließ. Man war zu
sehr mit innenpolitischen Problemen und den Wahlen beschäf-
tigt. Als im Juli 1936 der Spanische Bürgerkrieg begann, verfocht Blum bei diskreter Hilfeleistung den Grundsatz der
Nichteinmischung. Nachdem die französische Regierung auch
beim Anschluß Österreichs an Deutschland am 13. März 1938
sich auf Proteste beschränkt hatte, drohte schon bald der nächste Konflikt wegen der mit Frankreich verbündeten Tschechoslowakei. Als Hitler den Anschluß der etwa 3,5 Millionen in
dieser Republik lebenden und nach 1919 benachteiligten Sude-
tendeutschen lauthals propagierte und seine Forderungen immer höherschraubte, drohte der Krieg. In dieser Situation rette-
te die von Benito Mussolini angeregte Viermächtekonferenz
(Italien, Deutschland, Großbritannien, Frankreich) in München scheinbar den Frieden. Die von ihren Verbündeten verlas-
sene Tschechoslowakei mußte die mehrheitlich von Deutschen
bewohnten Gebiete abtreten.

Angesichts der allgemeinen Erleichterung, daß nun der Krieg
doch nicht ausbrach, wurde Daladier nach seiner Rückkehr

aus München begeistert als Retter des Friedens gefeiert und seine Politik von der Kammer mit überwältigender Mehrheit gebilligt. Neben den Befürwortern des Abkommens, oft Pazifisten um jeden Preis, gab es aber auch zahlreiche Gegner. Nach den schlechten Erfahrungen setzte sich spätestens seit März 1939 eine harte Haltung gegenüber Hitlerdeutschland durch. Um so mehr mußte Frankreich der am 23. August 1939 abgeschlossene Hitler-Stalin-Pakt treffen, der die Aufteilung Polens vorsah. Damit war der Kriegsausbruch besiegelt.

VIII. Frankreich im Zweiten Weltkrieg

1. Militärische Niederlage und Waffenstillstand von 1940

Nachdem am 1. September 1939 die deutsche Wehrmacht auf Befehl Hitlers in Polen einmarschiert war, erklärte Frankreich, ebenso wie England, zwei Tage später dem Deutschen Reich den Krieg, da es sich aufgrund des Allianzvertrages mit Polen zum Beistand verpflichtet sah. Aber die französische Republik war durch ihre einseitige Friedens- und Appeasementpolitik und die versäumte Aufrüstung nicht kriegsbereit. Da sich die Situation in Großbritannien ähnlich gestaltete, verhielten sich die beiden Entente-Mächte weitgehend passiv und überließen Polen seinem Schicksal. In der über acht Monate andauernden *Drôle de guerre* blieben die französischen Truppen letztlich untätig und beschränkten sich auf militärische Demonstrationen.

Als schließlich am 10. Mai 1940 die deutschen Truppen an der Westfront über Belgien vorstießen, war die französische Armee diesem Angriff auf Dauer nicht gewachsen. Ähnlich wie in Polen rückten Panzerkorps, unterstützt von der Luftwaffe vor, erreichten schon am 13. Mai die Maas und Sedan und am 20. Mai Abbéville und die Kanalküste und kesselten dort die alliierten Truppen ein. Inzwischen wurde am 19. Mai der französische Oberbefehlshaber M. Gamelin durch General M. Weygand ersetzt. Da Hitler den Befehl gab anzuhalten, konnten sich 330 000 bis 340 000 Mann, darunter etwa 130 000 Franzosen, von Dünkirchen aus nach England retten.

In der zweiten Phase des Feldzuges wurden die Normandie und Reims genommen, so daß auch die Hauptstadt nicht mehr zu halten war und zur offenen Stadt erklärt wurde. Nachdem die 18. Armee am 14. Juni in Paris einmarschiert war, erreichte das Panzerkorps Guderian schon zwei Tage später die Schweizer Grenze. Damit war die französische Armee geschlagen und es herrschte ein „allgemeines Durcheinander" (Michel).

Da die militärischen Größen des Landes den weiteren Kampf für aussichtslos hielten, beauftragte Präsident A. Lebrun nach dem Rücktritt Reynauds den Marschall Pétain mit der Regierungsbildung, in die auch der frühere Ministerpräsident P. Laval eintrat. Die neue Regierung mußte nun den Waffenstillstand aushandeln, der am 22. Juni 1940 im historischen Eisenbahnwagen im Wald von Compiègne (Ort der Unterzeichnung des Waffenstillstands von 1918) unterschrieben wurde.

Jetzt, im Juni 1940, diktierte Hitler mehr oder minder dieses Vertragswerk *(armistice)*, das für die Zeit bis 1944 zur Grundlage der politischen und wirtschaftlichen Entwicklung Frankreichs wurde. Abgesehen von einigen Gebieten mit besonderem Status sah man die Teilung der Republik in zwei Zonen vor. Während die nördliche, von der Linie Genf-Dole-Chalons-sur-Saône-Moulins-Bourges-Langon-Mont de Marsan begrenzte Zone direkt dem deutschen Militärbefehlshaber unterstand, wurde die südliche, sogenannte freie Zone von der Regierung Pétain vom Badeort Vichy aus regiert.

2. Das Vichy-Regime von Pétain und Laval

In der südlichen Zone berief man auf Forderung von Pétain und Laval die beiden Kammern ein. Diese traten als *Assemblée nationale* zusammen, um die Verfassung zu ändern. Während ca. 200 Parlamentarier nicht an der Abstimmung teilnehmen konnten, nahmen die restlichen mit der überwältigenden Mehrheit von 569 gegen 80 Stimmen bei 17 Enthaltungen am

10. Juli 1940 die *Loi constitutionelle* als neues Grundgesetz an. Dadurch wurde die Dritte Republik durch den *État français* des Vichy-Regimes ersetzt. Dieses Grundgesetz, ein französisches Ermächtigungsgesetz, übertrug alle Regierungsbefugnisse der neuartigen Republik unter der Autorität des Marschalls Pétain, die eine neue Verfassung mit Garantie der Rechte der Arbeit, der Familie und des Vaterlandes schaffen sollte. Hierauf erließ Pétain in den folgenden drei Tagen vier Verfassungsakte *(actes constitutionnels)*. Dadurch erklärte er sich zum Staatschef und verlieh sich die volle exekutive und legislative Gewalt, so daß die Minister nur ihm verantwortlich sein sollten.

Am 22. Januar 1941 schuf das Regime den *Conseil national* (188 vom Staatschef ernannte Mitglieder, darunter 68 Parlamentarier mit noch gültigem Mandat, ferner vor allem Vertreter von Berufsgruppen) mit ausschließlich beratender Funktion. Der autoritäre Staat wurde in der Folgezeit systematisch ausgebaut. In Reaktion auf die Schwächen der Dritten Republik, auf Liberalismus, Freimaurertum und Parlamentarismus, die man für die Niederlage verantwortlich machte, wollte man jetzt eine neue Ordnung schaffen. Geprägt vom politischen Personalismus (Autorität nicht durch Abstimmmungsmehrheit), der Verherrlichung des Führertums und eines wahren Kults um die Person des Marschalls sollte nun eine organische Gesellschaft und eine wirkliche Volksgemeinschaft herbeigeführt werden. So wurde eine *Charte du Travail* für eine korporative Arbeitsorganisation, ähnlich wie im faschistischen Italien, verkündet, den Bauern, organisiert in einer *Corporation paysanne,* eine bevorzugte Stellung eingeräumt u. a.

Das Vichy-Regime versuchte, sich durch eine Kollaborationspolitik mit Hitlerdeutschland zu arrangieren, eine Politik, die Laval als Regierungschef ab April 1942 noch verstärkte durch Entsendung französischer Arbeiter nach Deutschland, Bildung einer *Légion tricolore,* Polizeirazzien gegen ausländische Juden, Unterstützung der Gestapo usw. Aber die Gegenleistungen der deutschen Regierung blieben größtenteils aus. Als die deutschen Truppen am 11. September 1942 auch die freie Zone besetzt hatten, stand ganz Frankreich unter direkter deutscher Verwaltung, während Pétain zum Spielball Hitlers wurde.

3. Deutsche Besatzung und wirtschaftliche Ausbeutung

In der nördlichen Zone unterstand die französische Verwaltung schon seit dem 22. Juni 1940 der deutschen Militäradministration. Neben und in Konkurrenz mit dem Militärbefehlshaber arbeiteten andere Dienststellen, wobei deren Funktionen nicht genügend gegenseitig abgegrenzt waren. Besonders unklar gestaltete sich dabei die Stellung der Deutschen Botschaft. Die Aufgaben und Tätigkeiten dieser Besatzungsverwaltung erstreckten sich auf alle Bereiche, angefangen vom Schutz der Besatzungsmacht über Propaganda, Kriegsgefangenenwesen, Wirtschafts- und Sozialfragen, Maßnahmen gegen die Juden, gegen Mitglieder des Widerstandes *(résistance)* etc. Unter dieser Administration arbeiteten die französischen Beamten. Gleichzeitig agierten französische Kollaborationsbewegungen wie die des ehemaligen Kommunisten J. Doriot und die des ehemaligen Sozialisten M. Déat, der ein vereintes Europa unter der Führung Hitlerdeutschlands anstrebte und zusammen mit Doriot u. a. eine französische Liga Freiwilliger zum Kampf gegen den russischen Bolschewismus gründete.

Frankreich war schon gleich nach dem Waffenstillstand völlig in das System wirtschaftlicher Ausbeutung durch die deutsche Siegermacht einbezogen worden, denn für das kriegführende NS-Deutschland mußte die Eingliederung des besetzten Nachbarlandes in seine Kriegswirtschaft von großer Bedeutung und erheblichem Nutzen sein. Dieses Ziel erreichte man durch verschiedene finanztechnische und wirtschaftspolitische Maßnahmen. Im Rahmen dieser für sie so günstigen Bedingungen versuchten die deutschen Besatzungsbehörden sofort, die durch den Krieg fast zum Erliegen gekommene französische Wirtschaft anzukurbeln. Dies geschah gezielt durch eine deutsche Verwaltung der verlassenen Fabriken, durch Steuereintreibung und Zollerhebung, die Beschlagnahme von Le-

bensmitteln und Vorräten, sowie die Einführung von Zwangs-
arbeit.

4. Das „Freie Frankreich" de Gaulles und die Résistance

Die Leitfigur des französischen Widerstandes, General Charles
de Gaulle, war schon am 17. Juni 1940 in scheinbar auswegло-
ser Situation nach England geflohen, um dort einen Tag später
über den Londoner Rundfunk seinen ersten flammenden Ap-
pell zum Widerstand gegen Hitlerdeutschland an seine Lands-
leute zu richten. Anfangs stieß er allerdings auf große Widerstände und hatte nur wenig Anhang. Immerhin schlossen sich
ihm bald einige französische Kolonien an, und schon 1941
konnte er eine kleine Armee kommandieren und die Keimzelle
einer neuen französischen Regierung, das *Comité national* bilden. Gleichzeitig entstanden allmählich in Frankreich selbst
Widerstandsgruppen, eine *Résistance*. Diese erhielt nach dem
deutschen Einmarsch in Rußland 1941 durch das Umschwen-
ken der Kommunisten zum aktiven Kampf gegen die Besatzungsmacht erheblichen Zuwachs. Die Widerstandsbewegung
verstärkte sich besonders nach der Totalbesetzung Frankreichs.
Sie bestand im wesentlichen aus fünf großen Strömungen. Daß
es de Gaulle gelang, diese sehr unterschiedlichen Strömungen
unter seiner Leitung zu vereinigen, stellte eine große Leistung
dar. In Frankreich selbst diente ihm der ehemalige Präfekt Jean
Moulin als Koordinator.

Am 30. Mai 1943 kam de Gaulle in Nordafrika an und bildete zusammen mit dem General H. Giraud das *Comité
français de Libération nationale* in Algier. Es bereitete aktiv die
Befreiung Frankreichs vor und erklärte sich gegen den Willen
der Alliierten am 26. Mai 1944 zur provisorischen Regierung
der französischen Republik.

Für die deutsche Besatzungsmacht wurde die *Résistance* besonders seit 1943 immer unangenehmer und bedrohlicher. Da
nämlich für die Franzosen durch Deportationen, Zwangsar-
beitsdienst und andere repressive Maßnahmen die deutsche
Herrschaft immer drückender wurde, gewannen die *Résistance*

und de Gaulle zunehmend an Popularität und Anziehungskraft. Immer mehr Männer, aber auch Frauen, schlossen sich dem Partisanenkampf an, attackierten Soldaten, sprengten Bahnlinien und zerstörten wichtige Gebäude. Diese Widerstandsaktionen bewirkten grausame deutsche Gegenmaßnahmen, verunsicherten aber in starkem Maße die deutschen Truppen.

5. Befreiung und erste Regierung de Gaulle

Durch die Landung von 200 000 Mann alliierter Truppen an der Kanalküste am 6. Juni 1944 begann die Befreiung Frankreichs. Zunächst schlugen sie erfolgreich die Schlacht in der Normandie. Dann ging es im großen Angriff zusammen mit den *Forces françaises de l'Intérieur* de Gaulles in Richtung Paris. Mit Erlaubnis der Amerikaner marschierte die Division Leclerc in die französische Hauptstadt, die am Abend des 24. August erreicht wurde. Damals weigerte sich der deutsche Stadtkommandant General von Choltitz, den Befehl Hitlers zur Zerstörung der Pariser Brücken ausführen zu lassen und kapitulierte.

So konnte General de Gaulle am 26. August triumphal auf den Champs-Élysées in Paris einziehen. Schon am 15. August erfolgte in der *Opération Dragon* die Landung im Süden Frankreichs bei St.-Tropez. Da überall der deutsche militärische Widerstand relativ rasch gebrochen werden konnte, war bis November fast ganz Frankreich vom Feind befreit, und es ging darum, das Land politisch und wirtschaftlich wiederaufzurichten. Am 5. September 1944 bildete de Gaulle bereits eine Regierung, in der Männer der unterschiedlichsten politischen Richtungen, von den konservativen Rechten bis hin zu den Kommunisten, die Ministerien leiteten. So ist es nicht erstaunlich, daß de Gaulle als Integrationsfigur große Divergenzen ausgleichen und überwinden mußte.

Zunächst war die politische Grundentscheidung zu treffen, ob der Staatsautorität oder der Résistance-Bewegung bei der Neuordnung Frankreichs der Vorrang eingeräumt werden sollte. Wie René Rémond betont, kam de Gaulle bei der Wiederherstellung der vollen Staatsautorität und der traditionellen Strukturen eine entscheidende Rolle zu [Frankreich I, 415]. Dies war wichtig, um etwa die Auswüchse der nach der Befreiung Frankreichs einsetzenden *épuration* (Reinigung) zu beenden. Es war nämlich zu zahlreichen unkontrollierten Exekutionen von Kollaborateuren mit Hitlerdeutschland oder angeblichen Kollaborateuren gekommen.

In dieser unruhigen, von Gewalt und von Rachegedanken geprägten Übergangszeit war es von Bedeutung, daß der Staat das Heft in die Hand bekam und daß für die Zukunft die entsprechenden Weichen gestellt wurden. Damals diskutierte man auch intensiv, ob künftig die aus dem Widerstand erwachsenen Bewegungen oder Parteien im alten Sinne das politische Leben Frankreichs bestimmen sollten. Dank de Gaulle konnten sich hier letztlich die Parteien durchsetzen. Im wirtschaftlichen Bereich entschied man sich angesichts der Kriegszerstörungen, der darniederliegenden Wirtschaft, der Schulden und der vielen arbeitslosen Kriegsheimkehrer für eine mehr oder minder neoliberale Ordnung und nahm gleichzeitig weitgehend die Inflation in Kauf.

Damals galt es außerdem, die zukünftigen Strukturen der französischen Republik festzulegen. Zu diesem Zweck wurde am 21. Oktober 1945 das Volk als Souverän befragt, das auch eine Verfassunggebende Versammlung wählte. Dabei übten das erste Mal in der französischen Geschichte auch die Frauen das Wahlrecht aus. Bei der Volksabstimmung befragt, sprachen sich damals 96,4% gegen die Dritte und für eine Vierte Republik und 65% für eine Assemblée mit begrenztem Auftrag aus.

IX. Vierte Republik (1946–1958)

1. Schwäche der Verfassung und des Parteiensystems

Die neugewählte Versammlung stellte dann bis zum 9. April 1946 ein Verfassungsprojekt fertig. Demnach sollte das Parlament beherrschend, der Präsident der Republik praktisch ohne Befugnisse sein. Neben den 1789 verkündeten Menschen- und Bürgerrechten sah man weitergehende wie das Recht auf Arbeit und Unterstützung, auf Freizeit, auf Streik usw. vor. Dieser Entwurf wurde allerdings vom Volk mit 53% oder fast 10,6 Millionen gegen 47% oder ca. 9,5 Millionen Stimmen bei mehr als 5 Millionen Enthaltungen abgelehnt.

Nach dieser in der französischen Geschichte einmaligen Zurückweisung einer Konstitution durch Plebiszit, mußte am 2. Juni 1946 eine neue Verfassunggebende Versammlung gewählt werden. Hierbei wurde der christdemokratische *Mouvement Républicain Populaire* (MRP) mit 28% die stärkste Formation, während die Kommunisten 26% und die Sozialisten 21% der Stimmen gewannen. In der Folgezeit erarbeitete die neue *Constituante* in hartem Ringen zwischen den drei wichtigsten Parteien ein neues Verfassungsprojekt. Dabei wurde die Exekutive gegenüber dem ersten Entwurf gestärkt. Gegen den Widerspruch von Republikanern, Radikalsozialisten und Gaullisten mit 106 Stimmen billigten 440 Mitglieder der Versammlung den neuen Entwurf, gegen den vor allem auch General de Gaulle mobil machte. Bei der Volksabstimmung standen sich dann drei fast gleich große Blöcke gegenüber. Mit 9 297 470 Wählern gegen ca. 8,2 Millionen bei 8,5 Millionen Enthaltungen votierte jedoch eine Mehrheit (weniger als 36% der Wahlberechtigten) für die neue Verfassung. Sie wurde am 27. Oktober 1946 verkündet und in Kraft gesetzt.

Diese neue Konstitution garantierte zum ersten Mal ausdrücklich die Gleichberechtigung der Frau „in allen Bereichen". Sie wies der *Assemblée nationale,* die in allgemeiner, gleicher, direkter und geheimer Wahl von allen volljährigen französischen Staatsbürgern bestimmt wurde, die zentrale Rolle zu. Demgegenüber besaß die Zweite Kammer, der *Conseil de la République* nur beratende Befugnisse.

Der vor allem von der Nationalversammlung verkörperten Legislative stand ein von den beiden Kammern für sieben Jahre gewählter Präsident der Republik und der durch die absolute Mehrheit der Nationalversammlung bestimmte Ministerpräsident *(Président du Conseil)* gegenüber. Während in der Vorgängerrepublik in 70 Jahren 87 Kabinette regierten, waren es in der Vierten (einschließlich der Zeit des Provisoriums) 26 in 14 Jahren. Im Durchschnitt blieb somit jede Regierung nur gut sechs Monate im Amt, wobei sich die Kabinette meist durch Rücktritt verschiedener Minister selbst auflösten. Die Vierte Republik war somit noch mehr als die Dritte von Instabilität und Regierungskrisen geprägt.

Obwohl die hohe Bürokratie und die trotz immer neuer Kabinette an der Macht bleibende Ministerschicht das Schlimmste verhinderte, litt die Republik doch unter den vielen Regierungswechseln und der damit verbundenen politischen Unbeständigkeit. Als Hauptgrund für diese Instabilität ist die Zusammensetzung der Nationalversammlung aus mehreren Parteien hervorzuheben, die in entscheidenden Fragen bei wechselnden Mehrheiten je nach Sachlage uneinig waren.

Wegen des zunächst geltenden Verhältniswahlrechts errang keine Partei jemals eine relative, geschweige denn eine absolute Mehrheit, welche für die Bildung einer stabilen Regierung ausgereicht hätte. Um mehr Beständigkeit zu schaffen, änderte man am 9. Mai 1951 das Wahlsystem und förderte Listenverbindungen, die sich allerdings angesichts der unüberwindbaren Differenzen als recht oberflächlich erwiesen und letztlich nicht zu einer dauerhaften Regierungsmehrheit beitrugen. Diese war nämlich wegen der Gegensätze in entscheidenden Grundfragen, zum einen über das politische System und zum anderen über die Bereiche Wirtschafts-, Schul- und Außenpolitik, kaum herbeizuführen. Je nach Fragenkomplex mußten sich jeweils andere Koalitionen der sechs wichtigsten Parteien bilden. Als solche agierten damals neben den schon erwähnten drei großen

Formationen – Kommunisten, Sozialisten und katholischer MRP – die „Sammlung der Linksrepublikaner", die Gemäßigten, eine lockere Verbindung von vier Gruppierungen, darunter die Unabhängigen, und schließlich die Gaullisten.

Von diesen sechs Parteien traten nun vier, nämlich Sozialisten, MRP, Linksrepublikaner und Gemäßigte für die Aufrechterhaltung der spezifischen parlamentarischen Demokratie der Vierten Republik ein, gegen die mit jeweils anderen Zielen die Kommunisten und Gaullisten waren. In Fragen der Wirtschafts- und Sozialpolitik standen sich Sozialisten und MRP nahe und strebten im Gegensatz zu den Linksrepublikanern, den Gemäßigten und den Gaullisten die Einführung einer Planwirtschaft an. In einer weiteren für das damalige Frankreich so brennenden Frage, der des Schulwesens, stand andererseits der katholische MRP in einer Front mit den Gemäßigten (besonders den Unabhängigen) und den Gaullisten gegen die Sozialisten, Linksrepublikaner und Kommunisten. Während die drei ersteren Parteien angesichts der antichristlichen Ausrichtung der laizistischen Schulen für eine massive staatliche Unterstützung der meist katholischen Privatschulen eintraten, verteidigten die letzteren die traditionelle Laizität des Schulwesens und kämpften verbissen gegen jede Subvention der nichtstaatlichen Schulen. Auf dem Gebiet der Außenpolitik gab es schließlich wieder eine andere Koalition. In diesem Bereich standen nämlich die vier „systemtreuen" Parteien in einer Linie gegen die Kommunisten und Gaullisten.

In den zwölf Jahren der Vierten Republik führte jeweils die Uneinigkeit in einer oder mehreren dieser Grundfragen zu politischen Richtungswechseln und, abgesehen von dem krisengeschüttelten letzten Zeitabschnitt, zu sechs Perioden. Als erste ist die Zeit des Tripartismus zu nennen, als die drei fast gleich großen Parteien Kommunisten (PC), Sozialisten (SFIO) und MRP, die zusammen immerhin 75% der Wählerstimmen repräsentierten, gemeinsam regierten. Nachdem die Kommunisten in der Vertrauensfrage gegen die eigene Regierung gestimmt hatten, entließ der sozialistische Ministerpräsident P. Ramadier am 4. Mai 1947 die Kommunisten, die von nun an von der Macht ausgeschlossen waren. In der zweiten Periode, die bis 1951 dauerte, regierten SFIO und MRP mit Unterstützung der Linksrepublikaner und Gemäßigten. Die Kabinette waren aber durch große Meinungsverschiedenheiten geprägt und sehr zerstritten. Als 1951 die Gaullisten zur stärksten Fraktion wurden, behielten zwar die systembejahenden Parteien die Mehrheit, aber es kam in der Schulfrage schon zu einer Majorität aus MRP und Gaullisten.

Dies führte zu einer dritten Periode, die Ende März 1952 begann. Damals zogen sich die Sozialisten wegen der Schulfrage in die Opposition zurück, während die Gaullisten in die Regierung eintraten. Mißerfolge im Indochinakrieg führten im Juni 1954 zum Sturz des Kabinetts des konservativen J. Laniel und zur Wahl des Radikalsozialisten Pierre Mendès-France. In dieser vierten Periode gingen die bisherigen Regierungsparteien MRP, Gemäßigte und Gaullisten in die Opposition. Mendès-France wurde allerdings schon Anfang 1955 wieder wegen Problemen in Algerien gestürzt, und es kamen in einer fünften Phase wieder Kabinette einer rechten Mehrheit.

Nach einer Neuwahl der Nationalversammlung, die den Kommunisten große Gewinne brachte, war Frankreich praktisch unregierbar. Damals verschärften sich die Krisen des Regimes immer mehr, die aus der Kolonial- und besonders der Algerienpolitik erwachsen waren.

2. Außen- und Kolonialpolitik, Algerienproblem

Die Außenpolitik der Vierten Republik war geprägt durch Vorsichtsmaßnahmen gegenüber Deutschland und Ansprüchen (wirtschaftliche Angliederung des autonomen Saargebiets) sowie durch die Angst vor einer sowjetischen Aggression. Deshalb schloß Frankreich am 17. März 1948 mit Großbritannien und den Benelux-Staaten den Pakt von Brüssel ab, eine Militärallianz gegen die Sowjetunion. Gleichzeitig stimmte man der Gründung der aus den drei westlichen Besatzungszonen gebildeten Bundesrepublik Deutschland zu. Angesichts des Sicherheits- und Schutzbedürfnisses der Republik trat Frankreich der

Nato bei. Einen weiteren wichtigen Bereich der Außenpolitik stellte die Bildung einer Föderation der europäischen Staaten dar. Betrieben von Politikern wie Robert Schumann und Jean Monnet wurden 1949 der Europarat in Straßburg und 1951 die Montanunion mit Deutschland, den Benelux-Staaten und Italien geschaffen.

Als wegen des Koreakrieges (1950–1953) ein Dritter Weltkrieg zu drohen schien und die USA die militärische Wiederaufrüstung der Bundesrepublik Deutschland forderten, sah der Plan des Premierministers René Pleven die Bildung einer europäischen Verteidigungsgemeinschaft mit einer vereinigten Armee vor. Das Projekt scheiterte aber, weil es von der *Assemblée* abgelehnt wurde. Trotzdem verfolgte man das Ziel der Schaffung eines vereinten Europa und die französisch-deutsche Annäherung weiter, die auf der anderen Seite besonders intensiv von Bundeskanzler Konrad Adenauer betrieben wurde. Nach der Bildung der Euratombehörde unterzeichnete Guy Mollet am 25. März 1957 den Vertrag von Rom, der die EWG (Europäische Wirtschaftsgemeinschaft) der sechs Länder Frankreich, Bundesrepublik Deutschland, Italien, Niederlande, Belgien und Luxemburg schuf, d. h. den Kern der heutigen EU.

Frankreich war damals stark von seiner Kolonialpolitik und den damit verbundenen Kriegen in Anspruch genommen. So kam es in Nordafrika (Algerien, Marokko, Tunesien) zu Spannungen, Terror und Unterdrückungsmaßnahmen. Außerdem begann Ende 1946 der Indochinakrieg, in dem die Kommunisten immer größeren Einfluß gewannen. 1949 erhielten Vietnam sowie Laos und Kambodscha die Unabhängigkeit bei gleichzeitiger Assoziierung mit Frankreich. Allerdings ging dort 1954 die 70jährige französische Vorherrschaft zu Ende. Während Frankreich 1956 auch die Unabhängigkeit Tunesiens und Marokkos mit einigen Einschränkungen (Militärstützpunkte, Wirtschafts- und Finanzverträge) und eine friedliche Dekolonisation der anderen französischen Kolonien einleitete, trieb man in Algerien eine andere Politik.

Dort hatte sich am 1. November 1954 ein *Comité révolutionnaire* gebildet, das Morde an Franzosen und Unruheherde organisierte, so daß es schließlich zum Aufstand Algeriens kam. Ministerpräsident Mendès-France nahm eine harte Haltung ein, denn dieses Land, in dem viele Franzosen lebten, galt als Teil der Republik, deren nationale Integrität man unbedingt verteidigen wollte. Sein Nachfolger Edgar Faure versuchte, den Aufstand in Algerien mit aller Härte zu unterdrücken und ließ dort den Ausnahmezustand verkünden, eine Politik, die auch der sozialistische Ministerpräsident G. Mollet, weiterführte. Die von Ben Bella geleitete Befreiungsbewegung (F.L.N.) bestand aber auf der Unabhängigkeit Algeriens und organisierte eine Welle des Widerstandes und Terrorismus, dem viele Männer, Frauen und Kinder zum Opfer fielen. Es kam zum blutigen Krieg, der – neben anderen Faktoren – 1956 zur unglücklich verlaufenden Suez-Expedition gegen den Helfer der algerischen Rebellen, den ägyptischen Präsidenten Nasser, führte, die aber auf Druck von USA, UdSSR und UNO beendet wurde. Da man sich mit den Franzosen in Algerien solidarisch fühlte, griff die Armee als Reaktion auf den dortigen Terror zu Unterdrückungsmaßnahmen und setzte auch Folter ein. Dies wurde wiederum von verschiedenen Seiten kritisiert und verurteilt, so daß der Algerienkrieg die Menschen in Frankreich aufwühlte, spaltete und ungeheure Spannungen hervorrief, welche die Vierte Republik in ihren Grundfesten erschütterten.

3. Die krisenreichen letzten Jahre der Vierten Republik

Nachdem sich die Verfassungsreform als ungenügend erwiesen hatte, war angesichts der vielen Probleme der Verfall der Vierten Republik nicht mehr aufzuhalten. Wegen der Schwierigkeiten in Nordafrika und besonders Algerien wurde Anfang Februar 1955, wie erwähnt, die Regierung Mendès-France gestürzt, und es bildete wieder eine rechte Mehrheit die Kabinette. Nach den Wahlen vom 2. Januar 1956 wurde Frankreich jedoch wegen der großen Gewinne der Kommunisten und der extremistischen Protestbewegung von P. Poujade praktisch unregierbar.

In dieser Situation, in der keine solide Mehrheitsbildung

möglich war, kam es zur Minderheitsregierung des Sozialisten Mollet, der ein Kabinett aus Mitgliedern seiner Partei und der Radikalsozialisten zusammenstellte, das sich mit 15 Monaten und 20 Tagen als erstaunlich langlebig erwies. Als Mollet im Frühjahr 1957 zurücktreten mußte, geriet die Vierte Republik völlig in Verfall. Die labilen, instabilen und schwachen Regierungen zeigten sich nämlich den großen Schwierigkeiten, wie dem Wiederaufbau des vom Krieg gezeichneten Landes und den Kolonialkriegen, die zunehmend verloren wurden, immer weniger gewachsen. So zerbrach letztlich die Vierte Republik auch am ungelösten Dekolonisationsproblem und am Algerienkrieg.

In der Notlage rief man nach einem „starken Mann" und griff auf den Helden der Résistance-Zeit, den Repräsentanten der *France libre,* zurück, der im Krieg das darniederliegende Land aufgerichtet und schließlich in die Reihe der Siegermächten geführt hatte: Charles de Gaulle, der sich selbst dafür anbot. Als sich nämlich die bedrohliche Lage nach einem Militärputsch in Algerien in den folgenden zwei Wochen weiter zuspitzte, Bürgerkrieg, Militärdiktatur oder eine von den Kommunisten beherrschte Volksfront drohten, sahen sowohl der Sozialistenführer Mollet wie auch der MRP-Ministerpräsident P. Pflimlin nur noch eine Möglichkeit, um all dies zu verhindern, nämlich die Machtübernahme durch General de Gaulle. Nach dem Rücktritt Pflimlins designierte Präsident René Coty den General am 29. Mai 1958 zum Ministerpräsidenten. So wurde dieser am 1. Juni 1958 zum letzten Regierungschef der Vierten Republik gewählt. Zwei Tage später erhielt er von dieser Kammer mit 350 gegen 161 Stimmen die Vollmacht, eine neue Verfassung zu schaffen.

X. Fünfte Republik (seit 1958)

1. Entstehung und Verfassung

Die neue Regierung de Gaulle begann sofort, ein Verfassungsprojekt für die Fünfte Republik auszuarbeiten, das de Gaulle
am 4. September persönlich der Öffentlichkeit vorstellte und
dem Volk direkt zur Billigung vorlegte. Nachdem außer den
Kommunisten keine politische Gruppierung von Gewicht gegen die Verfassung gekämpft hatte, wurde dieses Plebiszit für
de Gaulle ein großer Erfolg. Im französischen Mutterland votierten immerhin 79,2% oder 17 668 790 Wähler bei nur 4,6
Millionen Gegenstimmen für die neue Verfassung. In Algerien
stimmten sogar 96,7% und in den Überseeterritorien 93,5%
der teilnehmenden Wähler mit Ja.

Während die Konstitution wie früher am Anfang die Garantie der Menschenrechte und die Prinzipien der nationalen Souveränität betonte, wird nicht von ungefähr im Titel II im Gegensatz zu den Verfassungen der Zweiten, Dritten und Vierten
Republik, aber ähnlich wie bei der Napoleons III., am Anfang
der Präsident als wichtigste Verkörperung der Exekutive und
nicht wie bisher das Parlament als Volksvertretung und Legislative gebracht.

Der Präsident, der die Einhaltung der Verfassung, durch sein
Schiedsamt das Funktionieren der öffentlichen Gewalten und
die Kontinuität des Staates garantieren soll (Titel II, Art. 5),
erhielt neben den Funktionen, die schon seine Vorgänger in der
Dritten und Vierten Republik besessen hatten, noch mehrere
zusätzliche Kompetenzen, so u. a. die der Ernennung des Premierministers, das Recht, die Nationalversammlung aufzulösen und ferner über die Kammern hinweg, ähnlich wie in Zeiten Bonapartes, einen Volksentscheid herbeizuführen.
Schließlich kommen dem Präsidenten nach der Verfassung bei
schwerer Bedrohung die außerordentlichen Vollmachten des
Artikels 16 zu.

Unter und neben dem Präsidenten verkörpert die vom
Premierminister koordinierte Regierung die Exekutive. Aller-

dings leitet der Staatspräsident den Ministerrat. Durch die neue Verfassung wurde im Vergleich zur Dritten und Vierten Republik die Regierungsautorität gestärkt, das Übergewicht des Premierministers innerhalb des Kabinetts gefestigt und die parlamentarische Vorherrschaft gebrochen. Diese Verfassungskonstruktion mit starker durch den Präsidenten und den Premierminister verkörperter Exekutive birgt die Gefahr von Kompetenzstreitigkeiten zwischen den beiden Exponenten der Regierungsgewalt. Allerdings wurde diese Problematik bisher weitgehend durch eine extensive Auslegung der Verfassung zugunsten des Präsidenten gelöst, der dadurch die dominierende politische Persönlichkeit der Fünften Republik blieb.

Die Legislative wird durch zwei Kammern repräsentiert: die aufgrund des allgemeinen direkten Wahlrechts bestimmte Nationalversammlung, der ein Vorrang zukommt, und den Senat als „Repräsentation der territorialen Kollektivitäten" (Art. 24), der indirekt gewählt wird. Die Verfassung hat ebenso wie übrigens auch das Wahlrecht im Laufe der Zeit manche Veränderungen erfahren. Obwohl es sich nämlich um eine Verfassung parlamentarischen Typs mit einer Regierung handelt, die der Nationalversammlung verantwortlich ist, so gab es doch immer einen starken Präsidenten der Republik, der die Tendenz hatte, alle Verantwortlichkeiten zu übernehmen, die vom direkten Volksauftrag (seit 1965 direkte Wahl) abzuleiten sind.

2. Parteien

Die Republik wurde von den Parteien wesentlich mitbestimmt, die allerdings abgesehen von den Kommunisten alle mehrmals ihren Namen geändert haben. Während die gaullistische Bewegung, seit 1958 UNR *(Union pour la Nouvelle République)*, ab 1962 UDR *(Union des Démocrates pour la République)* und seit 1976 RPR *(Rassemblement pour la République)*, als neue Kraft einen Aufschwung erlebte, gerieten die weiter existierenden Parteien der Vierten Republik, abgesehen von der Kommunistischen Partei, in Verfall. Nachdem die SFIO von der Bildfläche verschwunden war, trat an ihre Stelle eine neue sozialistische Partei, der PS *(Parti Socialiste)*, die, ab 1971 von François Mitterrand geführt, mehr und mehr Wähler anzog.

Neben den linksliberalen Radikalsozialisten erlebte die christdemokratische MRP einen erstaunlichen Abstieg. Die zentristischen Nachfolgeparteien der letzteren wurden ab 1978 zur Teilformation der UDF *(Union pour la Démocratie Française)*, die für den „Unabhängigen" Präsidenten Giscard eintrat. Dessen politische Formation, die mehrmals den Namen änderte bildete als PR *(Parti Républicain)* seit 1978 die wichtigste Partei der UDF. Neben dem seit 1986 eine gewisse Bedeutung erlangenden extremistischen rechten FN *(Front National)* entstand in Frankreich auch eine Öko-Partei.

Wenn auch die Entwicklung des Parteienwesens der Fünften Republik mit all den Namensänderungen und Neugründungen als recht kompliziert und unübersichtlich erscheint, so bleibt als Quintessenz doch über die Jahrzehnte hinweg eine Konstante, die das politische Leben vereinfachte, nämlich die Herausbildung eines rechten und linken Parteienblocks. Diese mit unterschiedlicher Zusammensetzung und diversen Namen fungierenden zwei großen Parteienblöcke sorgten meist für relativ solide Mehrheitsverhältnisse und ermöglichten ohne zu große Probleme auch den Machtwechsel in dieser von ihren Staatspräsidenten geprägten Republik.

3. Ära de Gaulle (1958–1969)

In den ersten gut elf Jahren der Fünften Republik dominierte die Persönlichkeit Charles de Gaulles (1890–1970). Er arbeitete in der Verfassungspraxis von Anfang an darauf hin, die Kompetenzen des Staatspräsidenten zu erweitern. Als ehemaliger Résistanceführer und Chef der *France libre* verfügte er über ein allgemein verbreitetes Prestige. Deshalb war er doppelt legitimiert für seine überragende Rolle, zum einen als der Nationalheld der schwierigen Weltkriegszeit, zum anderen durch Investitur der Nationalversammlung, Referendum von 1958 und direkte Wahl 1965.

Es bedeutete trotzdem eine große politische Leistung, daß es dem General gelang, eine solide Mehrheit aufzubauen und dadurch seine Autorität auf Dauer zu festigen. Eine noch wichtigere historische Leistung, die damals praktisch nur ein allgemein anerkannter Nationalheld wie de Gaulle in Angriff nehmen konnte, war die Entkolonialisierung, die er bis 1960 zügig durchführte, und vor allem die Lösung des damals alles überschattenden Algerienproblems. Gegen die Erwartung vieler in diesem Territorium kämpfender Militärs sowie der fanatischen Verfechter eines „französischen Algerien" und gegen ungeheure, z. T. gewalttätige Widerstände setzte der Präsident durch, daß über die Zukunft Algeriens die dortige Bevölkerung selbst entscheiden müsse.

Er ließ deshalb am 8. Januar 1961 in Frankreich eine Volksabstimmung durchführen. Dabei stimmten mehr als 15 Millionen oder 72,5 % der Wählenden für ein Gesetz, das vorsah, der gesamten algerischen Bevölkerung das Selbstbestimmungsrecht zuzugestehen. Da dort angesichts der großen arabischen Mehrheit die bisher führende, das Wirtschaftsleben beherrschende französische Minderheit ihre Position verlieren mußte, kam es am 22. April zum Putsch von vier Generälen in Algerien. De Gaulle reagierte sofort mit starker Hand und setzte schon am 23. April auf Anwendung des Artikels 16 der Verfassung, der ihm als Präsidenten in solchen Notfällen diktatorische Befugnisse verlieh. Gleichzeitig verhandelte er mit Vertretern der GPRA *(Gouvernement Provisoire de la République Algérienne)* in Evian. Diese Verhandlungen führten notwendigerweise am 18. März 1962 zur Entlassung Algeriens in die Unabhängigkeit.

In typisch bonapartistisch-gaullistischer Art griff de Gaulle am 8. April 1962 erneut zum Mittel des Referendums, um sich vom Volk als dem Souverän seine so hart bekämpfte Algerienpolitik billigen zu lassen, und dieser Volksentscheid wurde für ihn ein Triumph, denn die französischen Wähler und Wählerinnen votierten mit 90,8 % für die Unabhängigkeit Algeriens. Dieser gewaltige Erfolg des Generals festigte dessen Position erheblich und stabilisierte die Fünfte Republik.

In diesen Krisenjahren hat de Gaulle nicht nur eine dominierende Rolle gespielt, sondern er zog auch in Beanspruchung der Führung der nationalen Politik Bereiche an sich, die aufgrund der Verfassung allein der Regierung zugekommen wären. Er setzte somit in der Praxis eine beachtliche Kompetenzerweiterung des Staatspräsidenten gegenüber dem Premierminister durch, die den Geist der Verfassung verfälschen mußte, was aber in der gefährlichen Situation von der überwältigenden Mehrheit gebilligt wurde.

So bedeutete das Jahr 1962 verfassungsgeschichtlich einen Wendepunkt. Das absolute Übergewicht des Präsidenten allen anderen Verfassungsorganen gegenüber wurde nämlich sanktioniert. Diese Entwicklung dokumentierte sich in der Verfassungsänderung vom 6. November 1962, welche die direkte Wahl des Präsidenten durch das Volk festlegte.

Nach der Auflösung der de Gaulle kritisch gegenüberstehenden Nationalversammlung und einem Wahlsieg der UNR erhielt dieser die volle Handlungsfreiheit, die dann durch seine direkte Wahl im Dezember 1965 auch vom Volk bestätigt wurde. Der General errang damals im zweiten Wahlgang 55,2% der Stimmen, während sein Gegenkandidat François Mitterrand 44,8% erhielt. De Gaulle führte seine Politik unter dem Primat der Außenpolitik. Dabei ging es ihm darum, die internationale Stellung und das Ansehen Frankreichs als *Grande Nation* hochzuhalten und dessen weitgehende Unabhängigkeit zu verteidigen. Aus diesem Grund beendete er die Integration der französischen Truppen im Natoverband und baute eine eigene nationale Atomstreitmacht Frankreichs *(Force de frappe)* auf. Da er möglichst keine Souveränitätsrechte an eine europäische Gemeinschaft abtreten wollte, propagierte er ein „Europa der Vaterländer", das nur in Wirtschaftsangelegenheiten zusammenarbeiten sollte. Während er den Beitritt Großbritanniens und anderer Länder in die EWG ablehnte, betrieb er mit Adenauer verstärkt die französisch-deutsche Zusammenarbeit und Aussöhnung, die in der Unterzeichnung des Deutsch-Französischen Vertrages vom 22. Januar 1963 gipfelten. Er suchte hier ein Gegengewicht gegen die beiden Supermächte USA und UdSSR und betonte seine Unabhängigkeit in der Weltpolitik.

Allerdings wuchsen damals die innenpolitischen Schwierigkeiten. Die sich in weiten Kreisen der Bevölkerung steigernde Unzufriedenheit führte dazu, daß die Gaullisten und ihre Koalitionspartner bei den Wahlen zur Nationalversammlung im März 1967 nur noch eine knappe Mehrheit errangen. Ein Jahr später, im Mai 1968, brachen sogar wegen der nicht gelösten wirtschaftlichen und sozialen Probleme Unruhen aus. Als plötzlich de Gaulle vorübergehend aus Paris verschwunden war, schien das Ende des gaullistischen Regimes gekommen. Der General hielt dann aber im Rundfunk eine entscheidende Rede, löste die Nationalversammlung auf und setzte Neuwahlen an. Hierauf änderte sich die Situation schlagartig. Hunderttausende demonstrierten auf den Champs-Elysées für de Gaulle. Bei den Wahlen erlitt dann die Linke eine vernichtende Niederlage, und die Gaullisten errangen die absolute Mehrheit. Der „Geist von '68" wirkte allerdings noch lange nach. In dieser Situation handelte der Premierminister Georges Pompidou Kompromisse aus und leitete hierauf sofort Maßnahmen wie die Anhebung des Mindesteinkommens, drastische Lohnerhöhungen, verschiedene Reformen u.a. ein. Dadurch gelang es, die Gewerkschaften von den anarchistischen linken Kräften, die besonders bei den Studenten stark waren, zu trennen und die Situation zu normalisieren.

Trotz des triumphalen Siegs bei den Kammerwahlen wollte de Gaulle seine Position zusätzlich durch ein Plebiszit stärken. Dabei überschätzte er offensichtlich seine inzwischen angeschlagene Popularität. Als er nämlich am 27. April 1969 sein Verbleiben im Amt mit dem Referendum über eine Senats- und Regionalreform verband, wurde dieses Projekt mit 52,4% bei nur 47,6% Ja-Stimmen abgelehnt. Hierauf erklärte de Gaulle noch in der Nacht vom 27. auf 28. April 1969 seinen Rücktritt. Damit ging eine Ära zu Ende, in der für Frankreich in schweren Krisensituationen entscheidende Weichen gestellt worden waren.

4. Die Amtszeit von Pompidou (1969–1974)

Bei den nun auf den 1. Juni 1969 festgelegten Präsidentschaftswahlen meldete als erster der ehemalige, langjährige, erfolgreiche gaullistische Premierminister Georges Pompidou (1911–1974) seine Kandidatur an, und die Gaullisten unterstützten ihn geschlossen. Auch der junge Vorsitzende der Unabhängigen Republikaner Valéry Giscard d'Estaing stellte sich mangels realisierbarer Alternative hinter Pompidou. Mit Versprechungen, das Staatsleben liberalisieren zu wollen, gewann dieser außerdem Teile des Zentrums, während andere, besonders Jean Lecanuet, auf Oppositionskurs blieben. Traten dieses Mal die wichtigsten Konkurrenten de Gaulles von 1965 nicht an, so gab es vier Kandidaten der Linken, darunter Gaston Deferre (SFIO), Jacques Duclos (PC) und den Interimspräsidenten Alain Poher (Zentrum), der von den ehemaligen MRP-Leuten, den Radikalsozialisten und vielen Unabhängigen unterstützt wurde. In der Stichwahl zwischen Pompidou und Poher, bei der die Wahlbeteiligung besonders gering ausfiel, errang Pompidou 58% der Stimmen.

Der neue Präsident, Sohn eines Dorfschullehrers, als Student Sozialist, besuchte die berühmte *École normale* und stieg durch Fleiß und Tüchtigkeit in wichtige Ämter auf. Sechs Jahre lang war er auch Direktor der Rothschild-Bank. Wie de Gaulle strebte er für Frankreich nach nationaler Größe. Außerdem verfolgte er das Ziel, dieses Land zu einer führenden Industrienation zu machen. Dies wollte er durch eine leistungsfähige Volkswirtschaft und Modernisierung des Produktionsapparates erreichen.

Seine erste zentrale Entscheidung war die Berufung des Gaullisten Jacques Chaban-Delmas (*1915) zum Premierminister. Dieser, ein führender Gaullist, war enger Mitarbeiter de Gaulles und Résistancekämpfer im Weltkrieg gewesen, aber zugleich zeitweilig Radikalsozialist, der, Mendès-France und G. Mollet nahestehend, als Minister mehrerer Regierungen der Vierten Republik angehört hatte. Der konziliante Politiker, seit 1947 Bürgermeister von Bordeaux, galt als Liberaler, der eine

Politik der Versöhnung und Offenheit propagierte. Das Ziel der Öffnung und der parteienübergreifenden Zusammenarbeit wurde durch die Berufung von Ministern aus den verschiedensten Lagern unterstrichen. So erhielten z. B. der streng nationalistische Gaullist Michel Debré das Verteidigungs-, der frühere MRP-Parteivorsitzende Maurice Schumann das Außen- und der von de Gaulle einst entlassene Unabhängige Giscard d'Estaing das Finanzministerium.

Dieses Kabinett erstrebte eine neue, weniger von Verkrustungen und Standesegoismen geprägte Gesellschaft, die Erneuerung der Wirtschaft und der Sozialstrukturen und eine Erhöhung der französischen Wettbewerbsfähigkeit. Besonders nachhaltig waren die sozialpolitischen Reformen der Regierung. Während die erneuerte Linke trotzdem wieder erheblichen Aufwind erlebte, kam es Anfang der 1970er Jahre mehr und mehr zu Spannungen in der Regierungsmehrheit.

Auf außenpolitischem Gebiet zeigte Pompidou eine flexiblere Haltung als de Gaulle in allen Fragen des Atlantischen Bündnisses und besonders in den Beziehungen zur USA, während er gleichzeitig gegenüber der Sowjetunion weiterhin eine Entspannungspolitik betrieb. Von ganz besonderer Bedeutung war jedoch auch, daß er dem von de Gaulle durch zweimaliges Veto verhinderten Beitritt Großbritanniens zur EWG 1972 zustimmte und somit den Weg freimachte für das größere Europa der späteren EG. Als die Differenzen zwischen Staatspräsident und Premierminister immer stärker wurden, entließ Pompidou Chaban-Delmas am 27. Juni. Dieser „erzwungene Rücktritt des Premiers stellte die Weichen endgültig in Richtung einer rigiden Polarisierung der französischen Parteien- und Wählerlandschaft" [Rémond, Frankreich II, 222]. Von nun an gab es nur noch die zwei Lager, das rechte und das linke.

Zweiter Regierungschef unter Pompidou wurde Pierre Messmer (*1916), ehemaliger Résistancekämpfer und treuer Anhänger de Gaulles, ein strenger Vertreter gaullistischen Gedankengutes, der die besondere Loyalität zum Staatspräsidenten und einen betont konservativen Regierungskurs verkörperte. Bei den 1973 durchgeführten Wahlen zur Nationalversammlung konnte zwar die in der Regierungskoalition vereinte Rechte mit 275 Deputierten ihre Mehrheit verteidigen, verlor aber fast 100 Sitze, d.h. der Vorsprung vor der Linken war auf 1% der Wahlbevölkerung geschrumpft. Dies führte jedoch dazu, daß Präsident, Premierminister und Regierungskoalition enger zusammengeschweißt wurden. Allerdings schieden mehrere markante Politiker (Debré, Pleven, Schumann) aus der Regierung aus, so daß das liberale Element dort schwächer wurde. Studentenunruhen und wirtschaftliche Probleme prägten zunehmend das politische Klima, als Pompidou am 2. April 1974 nach schwerer, der Öffentlichkeit verborgen gehaltener Krankheit starb. Nun mußte nach nur fünf Jahren ein neuer Staatspräsident gewählt werden.

5. Das „Septennat" von Giscard d'Estaing (1974–1981)

Während François Mitterrand der einzige Kandidat der Linken war, wenn man von den beiden bedeutungslosen trotzkistischen Bewerbern absieht, präsentierte sich das rechte Lager uneins. Neben einer ganzen Anzahl anderer unbedeutender Bewerber blieben schließlich als ernsthafte Kandidaten dort Chaban-Delmas und Giscard d'Estaing, für den sich unter Federführung des Innenministers Jacques Chirac ein Teil der Gaullisten aussprach. Während nun Chaban-Delmas laufend an Boden verlor, konnte sich der 48jährige unabhängige Giscard als Liberaler, der trotzdem Kontinuität verkörperte, gut verkaufen. Beim ersten Wahlgang am 5. Mai 1974 erhielt dann der Kandidat der seit 1972 bestehenden Volksfront, Mitterrand, 43,2%, gefolgt vom Unabhängigen Republikaner Valéry Giscard d'Estaing (*1926) mit 32,6%. Am 19. Mai 1974 wurde schließlich Giscard mit der knappen Mehrheit von 50,8% zum Präsidenten gewählt. Der neue Staatspräsident, Absolvent der ENA *(École Nationale d'Administration),* ein intelligenter, zupackender Liberaler mit langjähriger Regierungserfahrung, war auf Ausgleich bedacht. Trotzdem blieb er „im persönlichen Umgang autoritär, durchdrungen von der hohen Würde seines

Amtes und peinlich bedacht, keinen Eingriff in seine Vorrechte zu dulden" [Rémond, Frankreich II, 249].

Giscard, der die Verjüngung und Erneuerung Frankreichs auf seine Fahnen schrieb, ernannte den 42jährigen Gaullisten und ENA-Absolventen Chirac, der ihn tatkräftig bei der Wahl unterstützt hatte, als Repräsentanten der stärksten Partei zum Regierungschef. Dieser war ein machtbewußter Politiker mit gewaltiger Arbeitskraft und ausgeprägter Kontaktfreude. In seinem Kabinett fielen die wichtigsten Ministerien nicht an die Gaullisten, die nur noch fünf von 16 Ressorts erhielten, sondern an politische und persönliche Freunde des Staatspräsidenten wie Michel Poniatowski (Innenminister). Der Zentrumsmann Lecanuet wurde Justizminister und die Verwaltungsbeamtin Simone Veil übernahm als erste Frau ein Ministerium (Gesundheit).

Die Zeit Giscards war geprägt durch das Bemühen des Präsidenten, ein Reformprogramm zu verwirklichen, den Linken entgegenzukommen, ferner aber die unüberwindbare Bipolarität der zwei großen, fast gleich starken politischen Blöcke abzubauen, nämlich der Rechten (mit Gaullisten, Unabhängigen Republikanern u.a.) auf der einen Seite und der Linken (mit Sozialisten, Kommunisten u.a.) auf der anderen Seite. Die Reformen des „fortschrittlichen Liberalismus", welche der Staatspräsident vorantrieb, führten aber im eigenen Lager zunehmend zu Widerständen.

Am 25. August 1976 trat Chirac, der seit Dezember 1974 die Führung der UDR übernommen hatte, zur Überraschung der Öffentlichkeit als Premierminister zurück, nachdem sich der seit Monaten andauernde Dissens über die Regierungspolitik mit Giscard verschärft hatte. Die große UDR ging von nun an auf Distanz zum Staatspräsidenten und seinem Liberalismus.

Giscard ernannte hierauf den weitgehend unbekannten parteilosen Wirtschaftsprofessor und ehemaligen Vizepräsidenten der EU-Kommission in Brüssel Raymond Barre zum Premierminister, der in den nächsten fünf Jahren sich äußerst loyal dem Präsidenten gegenüber verhielt. Die Regierung wurde nur wenig verändert. Barre setzte seine Energie vor allem für das Ziel ein, die Inflation zu bekämpfen und das Gleichgewicht der Gesamtwirtschaft und der Handelsbilanz wiederherzustellen. Trotz gewisser Erfolge stieß seine Politik, die bewußt auf Ankurbelungsmaßnahmen der Wirtschaft verzichtete, auf die Kritik der Gaullisten und der linken Opposition. Dazu wirkte sich der zweite „Ölschock" von 1978 negativ auf die wirtschaftliche Entwicklung aus. So verschärfte sich der Kampf der zwei Blöcke.

Bei den Parlamentswahlen vom März 1978 erzielte die Linke nicht den in den Umfragen vorhergesagten Erfolg. Beim zweiten Wahlgang errang die Rechte nämlich bei sehr hoher Wahlbeteiligung eine solide Majorität. Trotzdem nahm die Unzufriedenheit mit Giscard d'Estaing in den folgenden Jahren zu. Als Ausdruck dafür kann man die nach Verhältniswahlrecht durchgeführte Europawahl vom 10. Juni 1979 werten, wo die Regierungskoalition nur auf 44% kam, wobei allerdings die UDF sich gegenüber den Gaullisten wesentlich verbessern konnte. Trotz weiterer Reformen bestimmten wirtschaftliche Probleme und der Gegensatz zwischen den konservativen Tendenzen des RPR und den liberalen der UDF bis 1981 die Politik.

6. Ära Mitterrand (1981–1995)

Nachdem zunächst weder Giscard noch Mitterrand die absolute Mehrheit errungen hatten, siegte beim zweiten Wahlgang am 10. Mai 1981 der Kandidat der Volksfront, Mitterrand (1916–1995) mit 51,75% der abgegebenen Stimmen. Trotz der rechten Mehrheit in der Nationalversammlung ernannte der neue Staatspräsident am 21. Mai 1981 den Sozialisten Pierre Mauroy zum Premierminister und löste am Tag darauf die Kammer auf, da Mauroy natürlich keine Regierungsbasis fand. Bei den im Juni 1981 durchgeführten Wahlen erhielten die Sozialisten, begünstigt durch das Mehrheitswahlsystem, mit 285 von 491 Mandaten eine breite absolute Mehrheit. Diese ermöglichte es der Regierung, die seit 1947 zum ersten Mal wieder kommunistische Minister hatte, ihre „neue Politik" zu verwirklichen.

Wichtigste Ziele Mauroys waren die Verstaatlichung von Schlüsselindustrien und Privatbanken, Abschaffung der Todesstrafe, Dezentralisierung Frankreichs mit der Schaffung von Regionen, Einschränkung der (vor allem katholischen) Privatschulen u. a. Obwohl Mitterrand und die meisten Linken 1958 gegen die Verfassung und 1962 gegen die direkte Wahl des Präsidenten gewesen waren, akzeptierten sie 1981 voll und ganz die Verfassungswirklichkeit mit der charakteristischen, starken Stellung des Präsidenten. Mitterrand übte diese genauso machtvoll und autoritätsbetont wie seine Vorgänger aus.

Eine wichtige Angelegenheit, die nach dem Sieg der Linken 1981 auf den Weg gebracht wurde, war das 1982 verabschiedete Dezentralisierungsgesetz. Die jetzt gebildeten Regionen wurden eigenständige Gebietskörperschaften, vertreten durch den Regionalrat, der in allgemeiner und direkter Wahl bestimmt wird. Wenn auch die Regionen noch bei weitem nicht mit den deutschen Bundesländern vergleichbar sind, so wurde die politische und verwaltungstechnische Situation Frankreichs dadurch verändert. Gleichzeitig verstärkte das Gesetz die Befugnisse der Kommunen im Bereich des Städtebaus.

Nachdem der Sozialist Mauroy 1984 durch seinen Parteigenossen Laurent Fabius ersetzt worden war, fanden am 16. März 1986 Parlamentswahlen, nun zum ersten Mal in der Fünften Republik nach dem Verhältniswahlrecht, statt, bei denen der oppositionelle Bürgerblock mit 291 von 575 Sitzen die absolute Mehrheit errang, während die Sozialisten mit den verbündeten Linken nur noch 31,42% und die Kommunisten 9,7% bekamen, bei starken Gewinnen des rechtsextremen FN. Angesichts dieser Wahlniederlage trat Fabius zurück, und Mitterrand ernannte – zum ersten Mal in der Fünften Republik – mit dem Gaullisten Chirac einen Premierminister, der zu den politischen Gegnern des Staatspräsidenten zählte. Es begann damit das interessante Experiment der *Cohabitation* (Zwangsgemeinschaft von Politikern gegnerischer Richtung).

Im Mittelpunkt des Regierungsprogramms standen nun Maßnahmen zur Stärkung der Wirtschaft und inneren Sicherheit im Lande. Die neue konservative Regierung versuchte außerdem, zahlreiche Schritte der Volksfrontregierung rückgängig zu machen. So wurde am 15. Mai die Wirtschaft wieder liberalisiert durch Lockerung der Devisenbeschaffung, Zinssenkungen und durch Modernisierung des Finanzmarktes. Sieben Tage später führte die Regierung gegen die Stimmen der linken Opposition das Mehrheitswahlrecht wieder ein, und am 28. Juli 1986 billigte das Parlament das Gesetz über die Privatisierung von 65 staatlichen Unternehmen. Die Situation war damals geprägt durch Terroranschläge, ferner durch Großdemonstrationen der Studenten gegen die Hochschulreform und bedeutende Arbeitskämpfe. Im Januar 1987 kam es allerdings auch auf Initiative der konservativ-liberalen Regierung zu Massendemonstrationen gegen die von den Linken organisierten Streiks. Gleichzeitig traten zwischen Staatspräsidenten und Premierminister ernstere Differenzen auf, da Mitterrand mehrmals sein Veto gegen Regierungsgesetze einlegte.

Als im Frühjahr 1988 wieder Präsidentschaftswahlen durchgeführt wurden, traten Chirac und der frühere Premierminister R. Barre sowie der Vorsitzende der Nationalen Front u. a. gegen Mitterrand an. Dieser errang jedoch bei der Stichwahl am 8. Mai 54,02% der Stimmen und konnte so eine zweite Amtszeit von 7 Jahren antreten. Nachdem Chirac am 10. Mai 1988 als Premierminister zurückgetreten war, ernannte Mitterrand den gemäßigten Sozialisten Michel Rocard zum Nachfolger des Gaullisten. Da dieser jedoch in der Nationalversammlung über keine Mehrheit verfügte, löste der Staatspräsident die Kammer auf. Bei den Neuwahlen im Juni 1988 erhielt dann keiner der beiden Blöcke die absolute Mehrheit. In dieser Pattsituation nahm Rocard in langen mühsamen Koalitionsverhandlungen auch Minister in sein Kabinett auf, die nicht zur Linken gehörten. Unter seiner Regierung kam es zu bedeutenden Streiks bei der Post und den Verkehrsbetrieben, beim Bergbau und den Werften. In der Außenpolitik war bemerkenswert, daß die beiden deutsch-französischen Protokolle ratifiziert und noch erweitert und daß beim Besuch von Michail Gorbatschow (4.– 6.7.) die Beziehungen zur Sowjetunion ausgebaut wurden.

Da es trotz der Zugehörigkeit zur selben sozialistischen Partei mehr und mehr zu Spannungen zwischen Mitterrand und Rocard kam, trat dieser am 15. Mai 1991 zurück. Der Staatspräsident ernannte hierauf die frühere Europaministerin Edith Cresson zur Ministerpräsidentin, die somit als erste Frau in der französischen Geschichte eine Regierung leitete. Wegen zunehmender Schwierigkeiten und der Niederlage der Sozialisten bei den Regionalwahlen trat Cresson aber nach nur zehnmonatiger Regierungszeit am 2. April 1992 wieder zurück. Noch nie hatte in der Fünften Republik ein Ministerpräsident so kurz amtiert. Nachfolger wurde der bisherige Wirtschafts- und Finanzminister Pierre Bérégovoy, der die Zusammensetzung des Kabinetts nur wenig veränderte.

Bei den Wahlen zur Nationalversammlung im März 1993 gab es, begünstigt durch das Mehrheitswahlsystem, einen wahren Erdrutsch zugunsten der Rechten. Während nämlich die Sozialisten nur noch 54, die Kommunisten 23, die Linksliberalen 6 und die von den Sozialisten unterstützten Gruppierungen 10 Mandate erhielten, errangen die Liberalkonservativen (UDF) 213, die Gaullisten (RPR) 247 und die übrigen Rechten 24 Sitze und somit eine Mehrheit von über 80%. Seit 1968 hatte die Rechte keinen so hohen Wahlsieg mehr errungen, die Linke keine solche harte Niederlage erlitten. Sie traf auch Rocard und zahlreiche sozialistische Regierungsmitglieder, die ihre Mandate verloren. Sogar in traditionell sozialistischen Regionen mußten die Linken schmerzliche Verluste hinnehmen. Gründe dafür waren der gewaltige Anstieg der Arbeitslosigkeit und andere Probleme. Angesichts dieser tiefgreifenden Niederlage blieb Mitterrand nichts anderes übrig, als einen Politiker der Rechten, den ehemaligen Wirtschafts- und Finanzminister Édouard Balladur, einen Gaullisten, zum Regierungschef zu ernennen. Damit kam es zum zweiten Mal in der Fünften Republik zu einer sogenannten *Cohabitation*. Der Staatspräsident blieb trotz Rücktrittsforderungen bis 1995 im Amt.

7. Präsidentschaft von Chirac (ab 1995)

Da Mitterrand keine dritte Amtsperiode führen konnte, mußten die Sozialisten einen anderen aussichtsreichen Kandidaten für die Präsidentschaft suchen. Nachdem der zunächst favorisierte Europapräsident J. Delors abgelehnt hatte, kam Lionel Jospin seinem Parteivorsitzenden zuvor und kandidierte für das höchste Amt der Republik. Der 57jährige Lehrerssohn, Protestant und Absolvent der ENA, war früher Parteivorsitzender der Sozialisten und Minister gewesen. Er trat nun gegen den damaligen Favoriten für die Präsidentschaft, den populären Pariser Bürgermeister und ehemaligen Premierminister Chirac an.

Zur allgemeinen Überraschung erhielt bei den Wahlen am 23. April 1995 Jospin mit 23,3% die meisten Stimmen aller Kandidaten. Allerdings waren zwei Gaullisten (Chirac und Balladur) angetreten, welche die nächsten Plätze belegten. Nach dem Überraschungssieg des strahlend wirkenden Jospin galt die Wahl für Chirac noch nicht als gewonnen. Beim zweiten Wahlgang, am 5. Mai 1995 konnte dieser aber dann doch mit 52,2% den Sieg davontragen. Nach 14 Jahren sozialistischer Präsidentschaft wurde somit am 17. Mai 1995 mit Chirac wieder ein Gaullist Präsident der Republik. Er ernannte den Parteifreund Alain Juppé zum neuen Premierminister, der in sein neues Kabinett zwölf Frauen aufnahm.

Nachdem schon vorher die Linksregierung mit der hohen Zahl der Arbeitslosen nicht fertig geworden war, kämpfte auch das Kabinett Juppé mit großen sozialen und wirtschaftlichen Problemen. Diese wurden noch durch das Ziel verschärft, die für die Einführung des Euro vorgesehenen Kriterien zu erreichen. Angesichts der zunehmenden Schwierigkeiten löste Chirac 1997 die Nationalversammlung auf, obwohl die rechten Parteien dort eine Mehrheit von 80% hatten. Offensichtlich hoffte der Präsident darauf, sich für die noch bleibenden fünf Jahre seiner Amtszeit eine rechte Mehrheit vom Wähler bestätigen zu lassen. Aber diese Rechnung ging nicht auf. Die vereinigte Linke (Sozialisten, Kommunisten, Grüne u.a.) errangen nämlich, begünstigt durch das geltende Mehrheitswahlrecht, in einem wahren Erdrutsch die absolute Mehrheit der Sitze (241 Sozialisten, 38 Kommunisten), während die beiden bisherigen Regierungsparteien auf 242 Abgeordnete reduziert wurden.

Als strahlender Sieger präsentierte sich der 59jährige Sozialistenführer Jospin. So blieb Chirac nichts anderes übrig, als den erfolgreichen Sozialisten am 2. Juni 1997 zum Premierminister zu ernennen. Damit kam es zum dritten Mal in der Geschichte der Fünften Republik (nach den konservativen Premierministern Chirac und Balladur unter dem sozialistischen Präsidenten Mitterrand) zur *Cohabitation*. Das Neue der Konstellation war dieses Mal, daß ein sozialistischer Regierungschef und eine linke Parlamentsmehrheit mit einem gaullistischen Präsidenten zusammenarbeiten mußten.

Jospin stellte schon am 4. Juni 1997 seine neue Koalitionsregierung (mit Kommunisten, Grünen u.a.) vor, deren Bildung nötig war, da die Sozialisten allein keine absolute Mehrheit hatten. Die Zahl der Minister (bei fünf Ministerinnen) wurde auf 15 beschränkt, wozu allerdings 15 Staatssekretäre als Regierungsmitglieder kamen. Die wichtigsten Positionen erhielten Sozialisten, so Hubert Védrine, ein erfahrener Diplomat, das Außenministerium, Pierre Moscovici, ein ehemaliger Trotzkist, das Europaressort, der Nationalökonom Dominique Strauss-Kahn das Wirtschafts- und Finanzressort und Elisabeth Guigou das Justizministerium. Wie die meisten ihrer konservativen Vorgänger waren auch besonders viele Mitglieder der neuen Regierung Absolventen der *Grandes Écoles*, d.h. der Eliteschulen.

Der neue Regierungschef kündigte sofort die Abkehr vom rigorosen Sparkurs und den Abbau der Arbeitslosigkeit an, konnte aber auf diesem Gebiet bisher den Durchbruch nicht erzielen. Das führte zu massiven Manifestationen von Arbeitslosen, Besetzungen von Behörden u.a. Immerhin schaffte es die Regierung Jospin Anfang März 1998, wenn auch knapp, die Kriterien für einen Beitritt Frankreichs zum Euro zu erfüllen. In der Außenpolitik, die von Chirac bestimmt wurde, betrieb

Frankreich die weitere Integration des vereinigten Europa, ferner die Osterweiterung der EU und eine relativ unabhängige Politik von den USA, etwa in der Irakkrise.

01 Ain	32 Gers	64 Pyrénées-Atlantiques
02 Aisne	33 Gironde	65 Hautes-Pyrénées
03 Allier	34 Hérault	66 Pyrénées-Orientales
04 Alpes-de-Haute-Prov.	35 Ille-et-Vilaine	67 Bas-Rhin
05 Hautes-Alpes	36 Indre	68 Haut-Rhin
06 Alpes-Maritimes	37 Indre-et-Loire	69 Rhône
07 Ardèche	38 Isère	70 Haute-Saône
08 Ardennes	39 Jura	71 Saône-et-Loire
09 Ariège	40 Landes	72 Sarthe
10 Aube	41 Loir-et-Cher	73 Savoie
11 Aude	42 Loire	74 Haute-Savoie
12 Aveyron	43 Haute-Loire	75 Ville de Paris
13 Bouches-du-Rhône	44 Loire-Atlantique	76 Seine-Maritime
14 Calvados	45 Loiret	77 Seine-et-Marne
15 Cantal	46 Lot	78 Yvelines
16 Charente	47 Lot-et-Garonne	79 Deux-Sèvres
17 Charente-Maritime	48 Lozère	80 Somme
18 Cher	49 Maine-et-Loire	81 Tarn
19 Corrèze	50 Manche	82 Tarn-et-Garonne
20 Corse-du-Sud*)	51 Marne	83 Var
20 Haute-Corse*)	52 Haute-Marne	84 Vaucluse
21 Côte-d'Or	53 Mayenne	85 Vendée
22 Côtes-du-Nord	54 Meurthe-et-Moselle	86 Vienne
23 Creuse	55 Meuse	87 Haute-Vienne
24 Dordogne	56 Morbihan	88 Vosges
25 Doubs	57 Moselle	89 Yonne
26 Drôme	58 Nièvre	90 Terre de Belfort
27 Eure	59 Nord	91 Essonne
28 Eure-et-Loir	60 Oise	92 Hauts-de-Seine
29 Finistère	61 Orne	93 Seine-St.-Denis
30 Gard	62 Pas-de-Calais	94 Val-de-Marne
31 Haute-Garonne	63 Puy-de-Dôme	95 Val-d'Oise

*) Bis 1975: Département 20 Corse

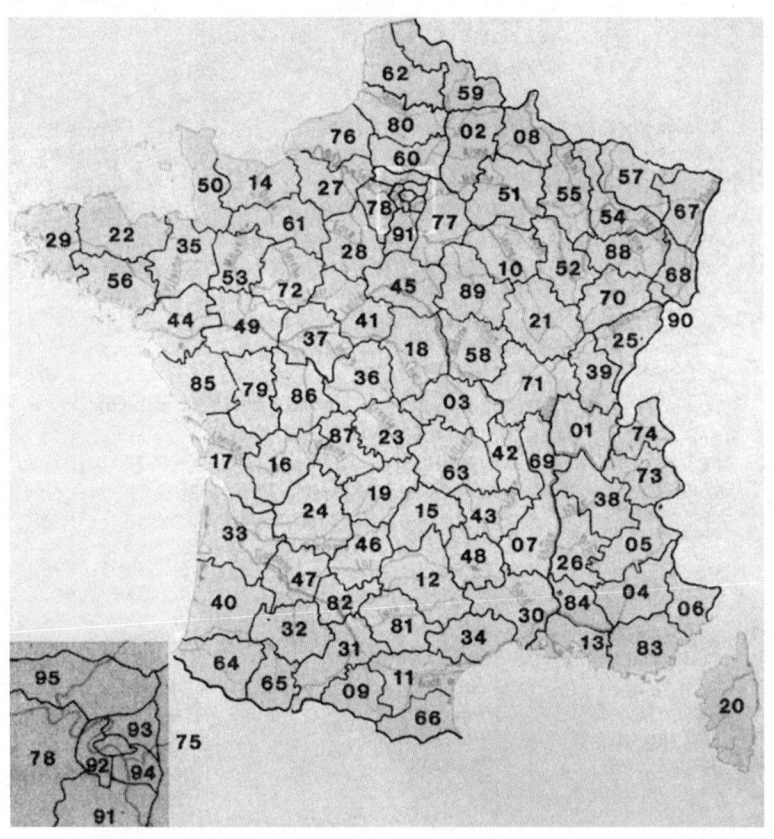

Einteilung in Départements
(nach Neuer Brockhaus, Bd. 2, Wiesbaden: F. A. Brockhaus, 1984, S. 226)

Staatsoberhäupter (Auswahl)

Könige

Karl II., der Kahle	843–877
Odo von Paris	888–898

Kapetinger

Hugo Capet	987–996
Robert II., der Fromme	996–1031
Heinrich I.	1031–1060
Philipp I.	1060–1108
Ludwig VI.	1108–1137
Ludwig VII.	1137–1180
Philipp II. August	1180–1223
Ludwig IX., der Heilige	1226–1270
Philipp III.	1270–1288
Philipp IV., der Schöne	1285–1314

Haus Valois

Philipp VI.	1328–1350
Johann d. Gute	1356–1364
Karl V., der Weise	1364–1380
Karl VI.	1380–1422
Karl VII.	1422–1461
Ludwig XI.	1461–1483
Karl VIII.	1483–1498
Ludwig XII.	1498–1515
Franz I.	1515–1547
Heinrich II.	1547–1559
Heinrich III.	1574–1589

Haus Bourbon

Heinrich IV.	1589–1610
Ludwig XIII.	1610–1643
Ludwig XIV.	1643–1715
Ludwig XV.	1715–1774
Ludwig XVI.	1774–1792

Erste Republik	1792–1804

Empire und Monarchie

Napoleon I.	1804–1814/15
Ludwig XVIII.	1814/15–1824
Karl X.	1824–1830
Louis Philippe	1830–1848

Zweite Republik (Präsident)

Cavaignac, E.	1848
Bonaparte	1848–1852

Empire

Napoleon III.	1852–1870

Dritte Republik (Präsidenten)

Thiers, A.	1871–1873
Mac-Mahon, M.-E.	1873–1879
Grévy, J.	1879–1887
Carnot, M. F. S.	1887–1894
Casimir-Périer, J. P. P.	1894–1895
Faure, F.	1895–1899
Loubet, É.	1899–1906
Fallières, A.	1906–1913
Poincaré, R.	1913–1920
Deschanel, P.	1920
Millerand, A.	1920–1924
Doumergue, G.	1924–1931
Doumer, P.	1931–1932
Lebrun, A.	1932–1940

État Français (Staatschef)

Pétain, Ph.	1940–1944/45

Vierte Republik (Präsidenten)

Auriol, V.	1947–1954
Coty, R.	1954–1959

Fünfte Republik (Präsidenten)

Gaulle, Ch. de	1959–1969
Pompidou, G.	1969–1974
Giscard d'Estaing, V.	1974–1981
Mitterrand, F.	1981–1995
Chirac, J.	seit 1995

Auswahlbibliographie

Azéma, J. P./Winock, M.: La IIIe République (1870–1940). Paris 1985.

Berstein, S./Milza, P.: Histoire de la France au XXe siècle. Bd. 1 u. 2. Paris 1991.

Caron, F.: Frankreich im Zeitalter des Imperialismus 1851–1918. Stuttgart 1991 (Gesch. Frankreichs, Bd. 5).

Chantebout, B.: Droit constitutionnel et Science politique. Paris 1982, ^{6}1986 (Coll. U).

Chevallier, J.-J.: Histoire des Institutions et des Régimes politiques de la France de 1789 à nos jours. Paris ^{6}1981.

Chevallier, P.: Histoire de la Franc-Maçonnerie française. Bd. 3: La Maçonnerie: Église de la République (1877–1944). Paris 1975 (Grandes Études historiques).

Duroselle, J.-B.: L'abîme. Politique étrangère de la France. Paris 1982.

Duverger, M.: Les constitutions de la France. Paris ^{11}1987, ^{12}1991 (Que sais-je, 162).

Duverger, M.: Le système politique français: Droit constitutionnel et les systèmes politiques. Paris ^{21}1996.

Ehlers, J.: Geschichte Frankreichs im Mittelalter. Stuttgart u. a. 1987.

Erbe, M.: Geschichte Frankreichs von der Großen Revolution bis zur Dritten Republik 1789–1884. Stuttgart u. a. 1982.

Favier, J.: Frankreich im Zeitalter der Lehnsherrschaft 1000–1515. Stuttgart 1989 (Geschichte Frankreichs, Bd. 2)

Furet, F./Richet, D.: Die Französische Revolution. Frankfurt a. M. 1989 (Frz. 1966).

Gates, D.: The Napoleonic Wars 1803–1815. London u. a. 1997.

Godechot, J.: Les Institutions de la France sous la Révolution et l'Empire. Paris ^{2}1968, ^{3}1985.

Goubert, P.: L'Ancien régime. Bd. 1. La société. Paris 1969. Bd. 2. Les pouvoirs. Paris 1973.

Hartmann, P. C.: Französische Geschichte 1914–1945. Literaturbericht. München 1985 (HZ, Sonderhefte, Bd. 13).

Hartmann, P. C. (Hg.): Französische Könige und Kaiser der Neuzeit. Von Ludwig XII. bis Napoleon III. 1498–1870. München 1994.

Hartmann, P. C.: Französische Verfassungsgeschichte der Neuzeit (1450–1980). Ein Überblick. Darmstadt 1985 (Grundzüge, Bd. 61).

Julliard, J.: La IVe République. Paris ^{2}1981.

Mager, W.: Frankreich vom Ancien Régime zur Moderne. Wirtschafts-, Gesellschafts- und politische Institutionengeschichte 1630–1830. Stuttgart u. a. 1980.

Malafosse, J. de: Histoire des institutions et des régimes politiques de la Révolution à la IVe République. Paris 1975.

Mandrou, R.: Staatsraison und Vernunft 1649–1775. Frankfurt a. M. u. a. 1976 (Propyläen Gesch. Europas, Bd. 3).

Martin, J.-Cl.: La Vendée et la France. Paris 1987.

Mayeur, J.-M.: La vie politique en France sous la IIIᵉ République (1870–1940). Paris 1984.

Meyer, J.: Frankreich im Zeitalter des Absolutismus 1515–1789. Stuttgart 1990 (Gesch. Frankreichs, Bd. 3).

Michel, H.: Les courants de pensée de la Résistance. Paris ²1975.

Mieck, I.: Die Bartholomäusnacht als Forschungsproblem. In: HZ 216 (1973), S. 73–110.

Mieck, I.: Die Entstehung des modernen Frankreich 1450–1610. Strukturen, Institutionen, Entwicklungen. Stuttgart u. a. 1982.

Mollier, J. Y./George, J.: La plus longue des Républiques 1870–1940. Paris 1994.

Mousnier, R.: Les institutions de la France sous la monarchie absolue. 1598–1789. 2 Bde. Paris 1974/80.

Rémond, R.: Frankreich im 20. Jahrhundert. 2 Bde. Stuttgart 1994/95 (Gesch. Frankreichs, Bd. 6).

Rémond, R.: La vie politique en France. 2 Bde. Paris 1965/69 (Coll. U).

Schneidmüller, B.: Die Entstehung Frankreichs (9. Jahrhundert–1270). In: Ernst Hinrichs (Hg.): Kleine Geschichte Frankreichs. Stuttgart 1994, S. 13–62.

Schulin, E.: Die Französische Revolution. München ²1989.

Secher, R.: Le génocide franco-français. La Vendée-Vengé. Paris ⁴1992.

Soboul, A.: Die Große Französische Revolution. Ein Abriß ihrer Geschichte (1789–1799). Frankfurt a. M. ⁵1988.

Sur, S.: La vie politique en France sous la Vᵉ République. Paris 1982 (Coll. U).

Tulard, J.: Frankreich im Zeitalter der Revolutionen 1789–1851. Stuttgart 1989 (Gesch. Frankreichs, Bd. 4).

Tulard, J.: Napoléon ou le Mythe du sauveur. Paris ²1986 (dt. 1982).

Vovelle, M.: Die Französische Revolution – Soziale Bewegung und Umbruch der Mentalitäten. München 1982 (TB 1985 u. später).

Vovelle, M.: La chute de la monarchie 1787–1792. Paris 1972 (Nouvelle Histoire de la France contemporaine, Bd. 1).

Werner, K. F.: Die Ursprünge Frankreichs bis zum Jahr 1000. Stuttgart 1982 (Gesch. Frankreichs, Bd. 1).

Personenregister